Die evangelische Pfarrkirche von Sersheim

Einblicke in fast 1.000 Jahre Kirchengeschichte

C. Hensel

Die evangelische Pfarrkirche von Sersheim
Einblicke in fast 1.000 Jahre Kirchengeschichte
Copyright © Christian Hensel
Dieses Buch darf ohne die schriftliche Genehmigung des Autors weder ganz noch teilweise kopiert, fotokopiert, reproduziert, übersetzt oder in elektronische oder maschinenlesbare Form konvertiert werden. Der Benutzer darf dieses Buch weder ganz noch teilweise für andere Zwecke drucken, reproduzieren, weitergeben oder weiterverkaufen. Dies gilt insbesondere für kommerzielle Zwecke, wie den Verkauf von Kopien dieses Buches.
1. Auflage (Dezember 2015)
ISBN: 978-3-73861-125-0
Herstellung und Verlag: BoD - Books on Demand, Norderstedt
Dieses Buch ist auch direkt bei der Kirchengemeinde am Büchertisch erhältlich.
Besucheradresse: Schlossstraße 1, 74372 Sersheim
Titelbild: »Südseite der Kirche von der Schlossstraße aus gesehen.«

Inhaltsverzeichnis

Herzlich willkommen..7

Grundriss der Kirche...10

Die Anfänge von Sersheim..12

Die Feldkirche Johanneskapelle...14

Die Chorturmkirche von Sersheim...17

Die Fenster...71

Die Glocken..77

Die Orgel..85

Die Grabmale der Kirche..89

Die Kirchherren der Pfarrkirche von Sersheim...................107

Die Pfarrer der evangelischen Kirchengemeinde Sersheim...108

Die Weiber von Schorndorf..110

Glossar...111

Quellen..116

Wussten Sie, dass...117

Wie lieb sind mir deine Wohnungen, HERR Zebaoth!
Der Vogel hat ein Haus gefunden
und die Schwalbe ein Nest für ihre Jungen:
Deine Altäre, HERR Zebaoth!

Psalm 84,2.4.

Herzlich willkommen…

…in unserer Sersheimer Johanneskirche!

Zugegeben: Sie ist einfach. Aber auf diese Weise eben einfach schön. Kein überladenes Museum, keine erhabene Halle, die einen erschaudern lässt. Nein, einfach ein Haus zum Wohnen, zum Wohlfühlen und zum Feiern.

Die eigentliche Schönheit einer Kirche liegt ja nicht in ihrer baulichen Substanz, sondern in der Gemeinde, die dieses Haus bewohnt und die hier Gott in ihrer Mitte feiert. Denn dass ER hier wohnt – daran hängt hier wirklich alles.

Natürlich: Gott wohnt überall, in seiner ganzen Schöpfung. Aber hier in der Kirche – da will er uns begegnen. Hier bleibt er kein Unbekannter, sondern einer, der uns anspricht und sich uns zeigt. Einer, der uns aufrichtet und tröstet, manchmal sogar den Weg zeigt oder uns ermahnt. Oder uns einfach nur erfreut.

Wer das erlebt, wird die Kirche lieb gewinnen wie der Beter des 84. Psalms (siehe oben). Und er wird es mit Schmunzeln sehen, wenn Schwalben in den Löchern hinter den Balken des Turmes ihre Jungen aufziehen. Auch wenn sie dabei viel Dreck machen – sie sind hier zu Hause. Sie leben hier mit ihrer Familie in der Nähe Gottes.

Und genau dafür ist die Kirche mit dem angebauten Gemeindezentrum da: Dass wir hier in seiner Nähe wohnen können als „Familie Gottes". Hier dürfen wir uns wohlfühlen. Hier dürfen wir zu Hause sein. Und hier dürfen wir an seinen Tisch kommen und nehmen, was wir brauchen – zu diesem Leben und zum ewigen Leben.

Ihr Pfarrer Johannes M. Rau

Grundriss der Kirche

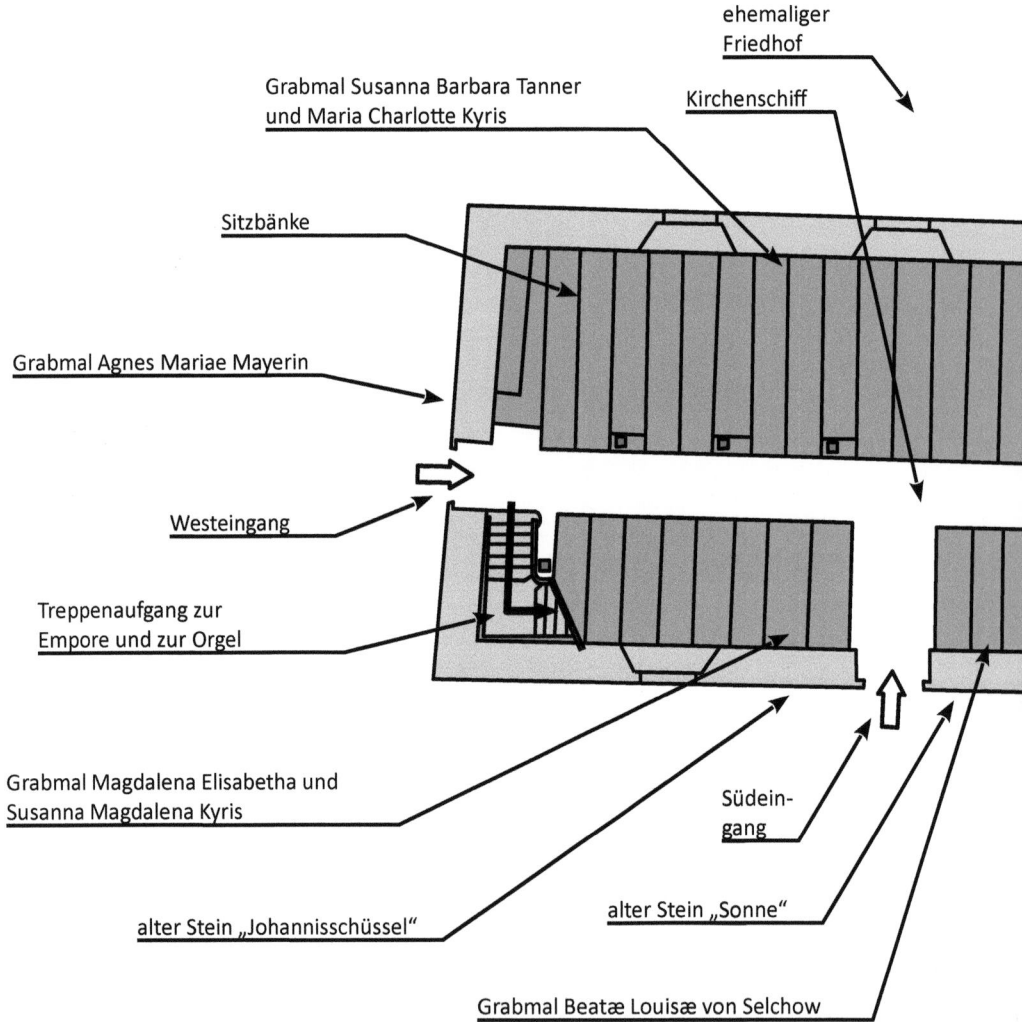

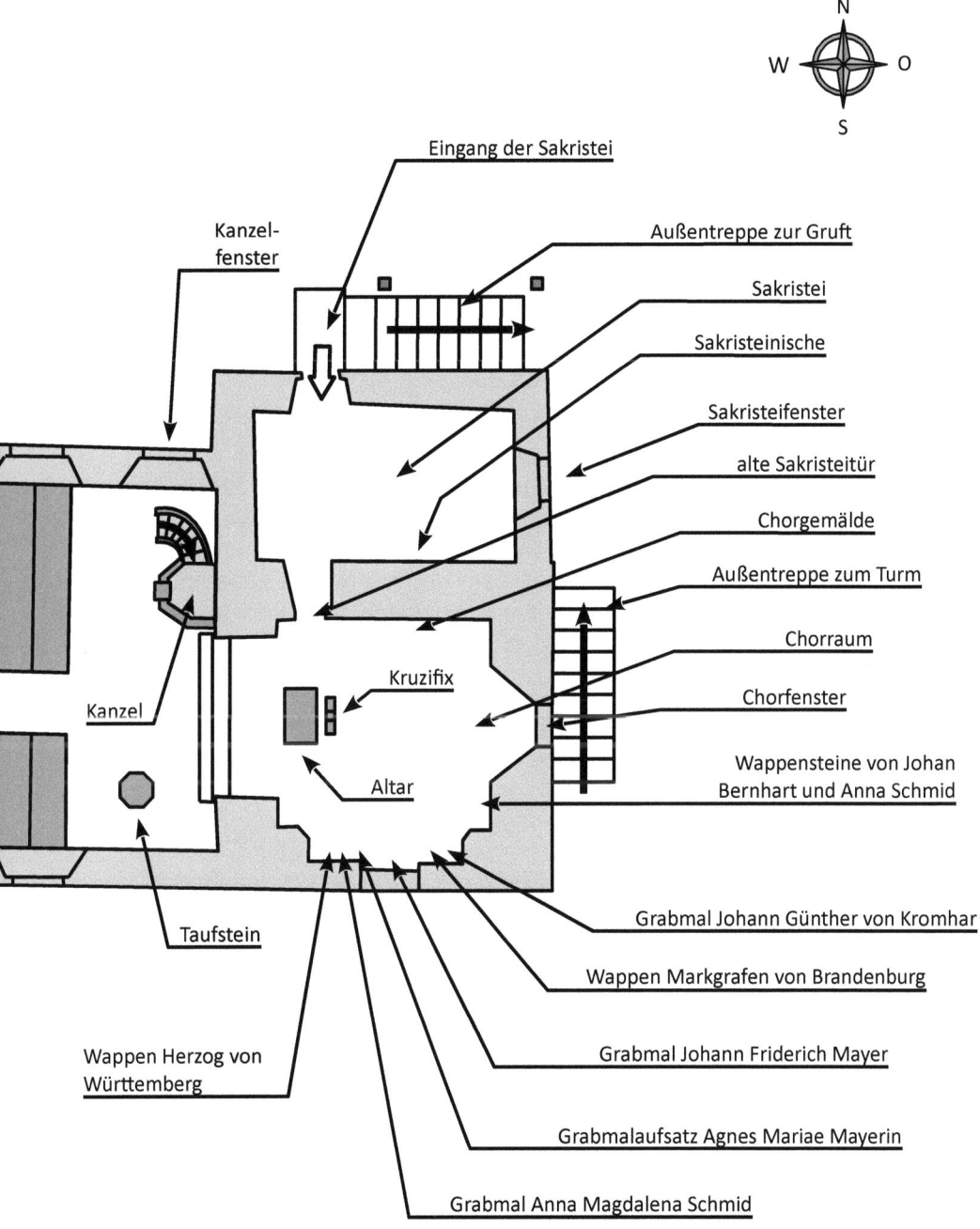

Die Anfänge von Sersheim

Der Ort Sersheim liegt am südlichen Rand des Naturparks Stromberg-Heuchelberg in einem weiten Tal an dem Fluss Metter. Der Name Sersheim stammt von *Sareshaim* und bedeutet *Heimstätte des Saro* (*sarwa* stammt aus dem Gotischen und bedeutet Rüstung oder Waffen, *saro* bedeutet Kampfrüstung). Es wird vermutet, dass Sersheim schon in der römischen Zeit bewohnt war und die römischen Soldaten die Furt durch die Metter benutzt haben. Darauf hin deuten noch Mauerreste eines römischen Gutshofes sowie das Römersträßle im Süden der Markung.

Sersheim (damals noch *Sareshaim*) wurde erstmals am **21. Juli 792** im Schenkungsbuch (Lorscher Codex; *Codex Laureshamensis*) der damals neu gegründeten *Benediktinerabtei Lorsch* urkundlich genannt. In dieser Urkunde schenkten ein Walther und dessen Bruder Salaher dem *heiligen Nazarius*, der im Kloster Lorsch beigesetzt wurde, zwei Höfe sowie Ackerland und Wiesen aus *Sareshaim*. Diese lateinische Urkunde liegt nicht mehr im Original vor und lautet übersetzt:

> »Ich; in Gottes Namen, Walther und mein Bruder Salaher schenken dem hl. Nazarius, dem Märtyrer, dessen Leib im Kloster Lorsch ruht, wo der ehrwürdige Abt Richbod [von 784 bis 804 Abt] seines Amtes waltet, 2 Höfe im Enzgau im Dorf Saresheim und 60 Tagwerk Ackerland und Wiesen zu 10 Fuhren. Durch Vertrag bekräftigt im Kloster Lorsch am 12. Tag vor Anfang August im 24. Jahr des Königs Karl [21. Juli 792].«

Im Schenkungsbuch des Klosters Lorsch liegt eine zweite Urkunde aus dem Jahre **892**. In ihr wurden die Besitzungen in *Sarawasheim* zwischen dem Abt Gerhard (von 883 bis 893 Abt) und Wolfbrand von Mühlhausen zum Vorteil ihrer örtlichen Lage getauscht. Mit dieser Urkunde endet zugleich die Herrschaft des Klosters Lorsch in Sersheim. Die Übersetzung lautet:

> »Im Namen Christi wurde vereinbart zwischen dem ehrwürdigen Abt Gerhard des Klosters des heiligen Nazarius in Lorsch und einem Mann namens Wolfbrand, dass sie ihre Besitztümer unter sich vertauschen. Es gibt als der genannte Abt dem genannten Mann im Enzgau im Dorf

> *Lenginfeld und in Sarawasheim und in Gumboldhausen alles was er haben will, dagegen gibt der besagte Mann im selben Gau im Dorf Mülnhausen 4 Höfe und in Hadaresheim alles, was er haben will. Die Abmachung wurde durch Vertrag bekräftigt im Kloster Lorsch im 5. Jahr des Königs Arnulf.«*

Etwa 200 Jahre später waren Teile des Dorfes *Sarßheim* im Besitz von Konrad von Beutelsbach (er wurde später Konrad I. von Württemberg) und seiner Frau Werntrud. Um das Jahr **1110** vermachte Konrad von Beutelsbach seinen Besitz seinem Bruder Bruno von Beutelsbach. Dieser war Abt im *Benediktinerkloster Hirsau*, zu damaliger Zeit eines der bedeutendsten Klöster in Deutschland. Die lateinische Urkunde im Schenkungsbuch des Klosters Hirsau lautet übersetzt:

> *»Konrad von Beutelsbach, Bruder des zum Abt gewählten Bruno und seine Frau Werntrud geben ... in Sarßheim ein Weideland und was immer ihm dort gehört mit Ausnahme von 3 Huben.«*

Bis **1360** gehörte Sersheim dem Grafen Konrad von Vehingen [Vaihingen], das nach seinem Tod an den Grafen von Württemberg überging. Die Ortsherrschaft wurde durch deren Lehnsleute, die Herren von Sachsenheim, ausgeübt. Aber auch andere Adelsfamilien und Klöster hatten in dem Dorf Besitzungen. **1436** unterstellte sich ein Zehntel des Dorfes der württembergischen Herrschaft. Das Dorf gehörte **1589** vollständig zu Württemberg und war dem Amt Sachsenheim unterstellt. Bei der Reorganisation der württembergischen Verwaltung um **1806** kam das Dorf zunächst zum Oberamt Bietigheim, kurze Zeit später zum Oberamt und späteren Landkreis Vaihingen/Enz. Bei der Kreisreform **1973** wurde Sersheim in den Landkreis Ludwigsburg eingegliedert. Gleichzeitig lief jedoch die Gemeindereform ab und die Eigenständigkeit von Sersheim war durch eine mögliche Eingemeindung nach Vaihingen/Enz bedroht. Sie konnte jedoch im Rahmen einer Verwaltungsgemeinschaft mit Vaihingen/Enz bestehen bleiben.

Das Sersheimer Wappen erinnert an die Herrschaft des Klosters Hirsau. Zwischen den beiden Hörnern befinden sich drei rote Kugeln. Diese Kugeln sind die ikonographischen Heiligenattribute des heiligen *Nikolaus von Myra*, der im Kloster Hirsau besonders verehrt wurde. Er soll je einen großen Goldklumpen durch das Zimmerfenster von drei verarmten Jungfrauen geworfen haben, um sie vor der Prostitution zu bewahren. Das Büffelgehörn mit Grind weist auf die Herren von Sachsenheim hin, die bis **1561** die Ortsherrschaft innehatten.

Wappen von Sersheim

Die Feldkirche Johanneskapelle

Die ehemalige *Feldkirche* Johanneskapelle stand am Ufer des Flusses Metter außerhalb des Dorfes *Serszheim* in der Nähe der heutigen Unteren Mühle (Fessler Mühle). Von dieser Kirche führte der Johannespfad direkt zu dem im Jahr 1230 gegründeten *Nonnenkloster Rechentshofen* des Zisterzienserordens. Die ehemalige Klosteranlage südöstlich von Hohenhaslach ist seit 1648 württembergische Domäne. Heute erinnern die Flurnamen Kapellenäcker oder Johannisgärten an diese Feldkirche.

Die Zahl an Feldkirchen war gegen Ende des Mittelalters ziemlich hoch – für Herzog *Christoph von Württemberg* zu hoch. Auch in dem Gebiet um *Serszheim* standen einige dieser Feldkirchen. Daher erließ der Herzog am 7. Mai 1555 einen Erlass, die Feldkirchen in seinem Herzogtum einzureißen, um ein *End für Abgöterey etc.* zu schaffen, da sie seiner Meinung nach *vor Gott ein Grewel* waren. Am 16. Mai 1555 wurde ein neuer Befehl erlassen, da der vorausgegangene Befehl vom 7. Mai offensichtlich missverstanden wurde: Es sollten nur die Feldkirchen eingerissen werden, in denen nicht mehr gepredigt wurde und in welchen keine Toten begraben waren.

Die Feldkirche Johanneskapelle wurde hernach im Jahre **1556** abgetragen. Daraus lässt sich schließen, dass zu dieser Zeit in dieser Kirche nicht mehr gepredigt wurde, sondern nur noch in der *Fleckenkirche* (Kirche im Ort) *Serszheim*. Der geistliche Verwalter Wendel Lauinger von Vayhingen vermerkte am 10. Januar 1556:

> »Zu Serszheim stett ein Capel ist bey menschen gedechtnuß gebautt, heyszt zu Sant Johannsz ist den v Serszheim bevollen abzubrechen, darunter hett man ein Loch gleych einem Ristloch [Luftloch] in einem Kern [Keller] hinein gemaurett und so jemandt ein Kindt, das nitt hett deyen wellen gehabt, hat mansz zu Serszheim insz Loch gestossen, hett esz darin geweintt, so ist das Kindt gestorben, so esz geschwiegen so ist dasz Kindt wid zu im selben komen und gesundt worden und stett dasz Loch sambt der capellen noch.«

Am Rand dieses Dokumentes steht: *abbrechen die Stein zum Pfarhaus und kirchen gebrauchen*. Daher sind zwei besondere Steine der ehemaligen Johanneskapelle bis heute erhalten geblieben. Sie wurden neben dem Eingangsportal auf der Südseite der Pfarrkirche eingemauert. Der Stein auf der linken Seite stellt das von zwei Engeln getragene Haupt des Heiligen Johannes des Täufers in einer Schüssel dar. Dieses Bildnis wird auch *Johannisschüssel* genannt. Darunter stand die Jahreszahl 1471 oder 1477. Diese Angaben stammen 1955 von Herrn Pfarrer Paul Adolf Pfleiderer, der sie damals noch erkennen konnte. Der Stein auf der rechten Seite stellt eine Sonne dar. Beide Steine sind inzwischen stark verwittert.

linker Stein: Johannisschüssel.

rechter Stein: Sonne.

Von einer Feldkirche in Sersheim wird auch in einem Schriftstück des 16. Jahrhunderts berichtet:

> »Was für fürneme Walfarten vor Jarn im Fürstenthumb Wurtemperg gewesenn, unnd auch an selbige Ort Capellen gebauwt wordenn.
>
> Zu Sereßheim ist ein Feldkirchen, und darinn mit Walfarten das heilig Creuz veneriert worden. Ist zum theil hinweg gerissen und sol d. überig auch hinweg geschafft werdenn.«

Altar und Kruzifix im Chorraum der Kirche.

Die Chorturmkirche von Sersheim

Die erste urkundliche Erwähnung

Auf einer künstlich errichteten Anhöhe wurde um das Jahr **1100** in *Sarweshain* eine steinerne *Chorturmkirche* am Südufer des Flusses Metter gebaut. Diese erhöhte Lage und die umlaufende Mauer boten Schutz gegen das Hochwasser der Metter. Innerhalb dieser Mauer befand sich auf der Nordseite der Kirche auch ein Friedhof. Der *Chor* (Altarraum) hatte damals ein romanisches Kreuzrippengewölbe. Das *Kirchenschiff* bestand vermutlich aus Holz und hatte ein Satteldach. Es war damals wesentlich kürzer und schmäler als das heutige. Erst später wurde es aus Stein gebaut. Bei der großen Innenrenovierung im Jahr **1958** (siehe Seite 54) stieß man bei Arbeiten im Kirchenschiff auf den Grundriss einer früheren Kirche.

Der Kirchherr von Sersheim wurde urkundlich am **28. Juli 1287**, sowie am **29. März** und **22. April 1289** erwähnt. Als Zeuge ist in den Urkunden ein *Hainrich der kirchere* [Kirchherr] *von Sarweshain* genannt. An einer dieser Urkunden sind Teile des Siegels des Kirchherrs erhalten geblieben. Das ovale Wachssiegel ist ca. 40 x 25 mm groß. Die unvollständige Umschrift besteht aus den Buchstaben: *HAINRIC…ESHAI…*. Daher ist von einer selbstständigen Pfarrkirche auszugehen. Auch die für damalige Verhältnisse beachtlichen Ausmaße des Chorturms deuten darauf hin. Ausdrücklich als Pfarrkirche wird sie jedoch erst im Jahre **1396** bezeichnet.

Am **3. November 1239** beurkundeten Graf Konrad von Vayhingen und sein Sohn Johannes (der Rektor [Leiter] der dortigen Kirche) eine Güterstiftung. Zeuge ist unter anderem ein *Johannes camerarius de Sarweshain*. In einer weiteren Urkunde von **1243** wird ein *Pfaff Johann, Kirchherr zu Saraweshaim und Kämmerer des Kapitels zu Vayhingen* erwähnt.

In einer Urkunde vom **16. Oktober 1396** heißt es:

> *»...das Schultheiß und die Richter* [Gemeinderäte] *und die gemeinde des Dorffes zu Sarwssheim gedacht haben wie gottes Dienst bei unsern ziten gemert werde, darumb ham wir gedacht ein ewige mess machen und ham auch gemacht in die Phfarr zu Sarwssheim uff den Altar der da gewyht ist in der Er unser frowen marien und der Er der hayligen zwelffboten Sant Johanns Evangelisten und Sant Endrissen uff den Altar der da gelegen ist ußwendig des Dorffes und gewyht ist in der Er Sant Johann des töffers mit den Güten die hiernach geschrieben stend allß daz ein jeglicher Phründtner frümeß sol haben...«*

Es befanden sich also vier Altäre in der Kirche. Der erste Altar war zu Ehren der Jungfrau und Gottesmutter Maria (*frowen marien*) geweiht, der Zweite den zwölf Aposteln (*hayligen zwelffboten*), der Dritte dem Evangelisten Johannes (*Sant Johanns Evangelisten*) und der vierte Altar war zu Ehren des heiligen Andreas (*Sant Endrissen*) geweiht. Daher wurde die Kirche immer ohne die sonst übliche Angabe eines Heiligen genannt, sondern immer nur Pfarrkirche.

Ein weiterer Altar befand sich in der Feldkapelle Johanneskapelle außerhalb des Dorfes, dieser war dem Heiligen Johannes des Täufers (*Sant Johann des töffers*) geweiht.

Der Umbau des Chorturmes

Um das Jahr **1477** wurde der Kirchturm unter Rektor (Leiter der Kirche) Leonhard Waibel umgebaut. Der Chorraum wurde dabei nach oben hin erweitert (aufgestockt). Das zusätzliche Stockwerk ist noch als kleiner Absatz erkennbar. Heute befindet sich darin die Glockenstube mit dem Glockenstuhl. Die Innenwand an der Südseite des Turmes bekam einen gotischen Spitzbogen. An der Ost- und Südwand ist der Ansatz eines alten romanischen Gewölbes noch erkennbar. Bei diesem Umbau bekam der Turm ein hohes und spitzes gotisches Zeltdach, so wie es auf der Kieser'schen Zeichnung von **1684** abgebildet ist. Die Kieser'schen Ortsansichten sind eines der frühesten bildlichen Ansichten von Orten des Herzogtums Württemberg überhaupt, die Oberstleutnant Andreas Kieser (1618-1688) in der Zeit von 1681 bis 1686 angefertigt hat.

Sersheim auf der Kieser'schen Zeichnung von 1684.

Die Sakristei

Der Nebenraum auf der Nordseite des Turmes wurde vermutlich als Taufkapelle genutzt. Sie weist ein schönes gotisches Kreuzrippengewölbe auf, das aus dieser Zeit stammt. Das zweiteilige Gewölbe besteht aus zwei Kreuzen mit jeweils einem Schlussstein in der Mitte eines Kreuzes. Dazwischen befindet sich eine sogenannte Kappe. Das Gewölbe ist um die Schlusssteine und an den Widerlagerpunkten mit Ornamenten versehen.

Heute dient dieser Raum als *Sakristei*. Hier befindet sich alles, was für den Gottesdienst benötigt wird, beispielsweise Paramente (Altartücher), Abendmahlskelche, Hostienschalen, Taufgeschirr und Kerzen. Sie dient zudem als Umkleideraum für den Pfarrer und als Vorbereitungsraum für Gottestdienste. Betreut wird die Sakristei üblicherweise vom Mesner bzw. Mesnerin. In der Sakristei befindet sich auch die elektroakustische Anlage (ELA) sowie ein Schaltpult für die Beleuchtung und der Läutecomputer zur Programmierung und Steuerung der Glocken.

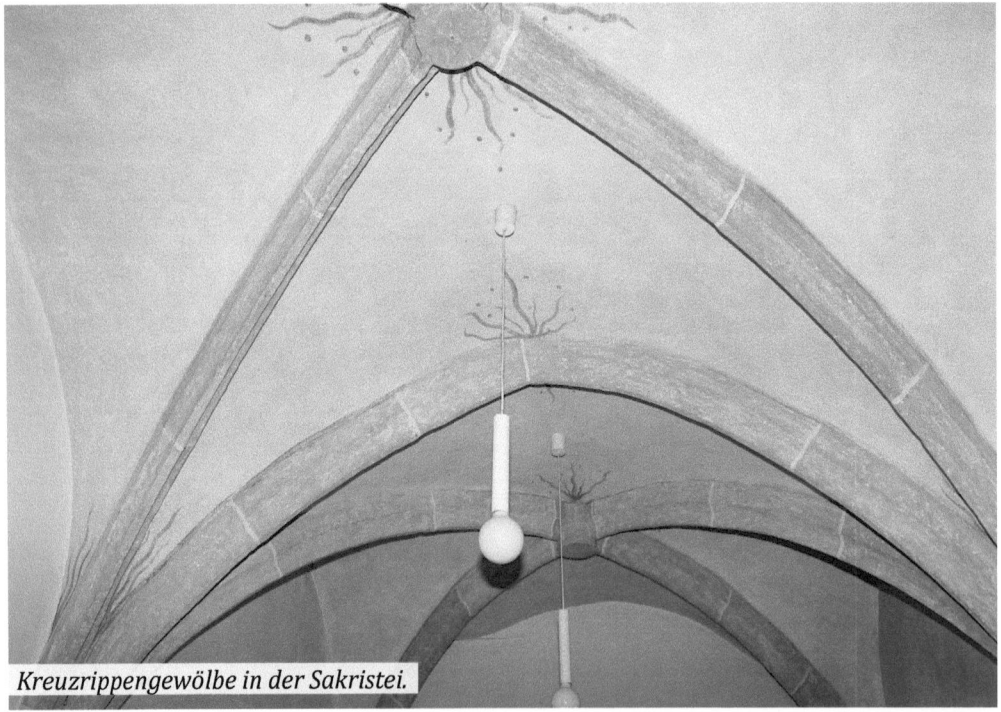

Kreuzrippengewölbe in der Sakristei.

Taufstein mit Taufschale, Kanne und Taufkerze.

Die Sakristeitür

Aus dem 15. oder frühen 16. Jahrhundert stammt die alte Tür zur heutigen Sakristei. Sie stellt den Durchgang vom Chor durch die rund 140 cm dicken Wände des Turmes in die Sakristei dar. Dieser Durchgang war früher der Eingang in den Chor. Die Türe ist nur 167 cm hoch, 79 cm breit und besteht aus 6 cm dicken Holzdielen, der Durchgang ist nur geringfügig höher und weist oben einen Spitzbogen auf. Die Vorderseite der Türe zum Chorraum hin ist mit 20 Hufeisenornamenten beschlagen. Auf der Rückseite trägt sie ein schönes altes Türschloss, das noch intakt ist, sowie zwei Verriegelungen. Der Rand des Durchgangs ist im Chor mit angedeuteten Ecksteinen versehen.

Der große Metallschlüssel mit einer Länge von 23 cm für das mittlere Schloss ist erhalten geblieben und hängt über die Türe in der Sakristei.

Metallschlüssel der Sakristeitür.

Sakristeitür mit Hufeisenornamenten, altem Metallschlüssel und Schlösser.

Die Gruft

Direkt unter der *Sakristei* liegt eine kleine Gruft. Ihr Zugang erfolgt über eine Außentreppe entlang der Nordwand. Die Gruft beherbergt die *Grablege* der Schlossherren von Sersheim. Über den beiden Flügeltüren steht eine in den Stein gemeißelte Inschrift: *Erfunden von Christian Jacob Belser Schulmeister* (er war von 1769 bis 1807 Schulmeister in Sersheim). Der Boden der Gruft besteht aus mehreren großen Steinplatten. Eine Platte ist zerbrochen und zeigt die Hälfte eines *Weihekreuzes*. Vermutlich handelt es sich hierbei um den Grabstein von Frau Beatæ Louisæ von Selchow (1665-1715), da sie auf ihren Wunsch hin in der Gruft beerdigt wurde.

Zerbrochener Grabstein in der Gruft (vermutlich der Grabstein von Frau Beatæ Louisæ von Selchow).

Die Gruft wird heute als Keller verwendet und beinhaltet sperrige Gebrauchsgegenstände oder solche, die nur sehr selten gebraucht werden, wie die Bühne für die Chortreppen.

Außentreppe an der Nordwand zur Gruft unter der Sakristei.

Inschrift über dem Eingang der Gruft.

Wandmalereien an der Nordwand des Chorraums um die ehemalige Sakramentsnische.

Die Wandmalereien im Chor

Zu Beginn des 16. Jahrhunderts gehörte ein Teil des Dorfes der *Zisterzienserabtei Maulbronn*. Davon zeugt die Nordwand des Chores, die um etwa **1510** mit Wandmalereien nach Maulbronner Vorbild geschmückt wurde. Sie sind etwa 5,1 m hoch und 2,8 m breit. Bei der großen Innenrenovierung 1958 (siehe Seite 54) wurden die Wandmalereien wieder freigelegt und restauriert. Sie stellen Szenen der Eucharistie (Abendmahl) mit Brot und Wein dar.

Das Bildnis stellt eine gemalte Umrahmung der heute zugemauerten Sakramentsnische dar. In der Mitte befindet sich eine dunkelgrau gefärbte Fläche in der Form eines hohen *Lanzettfensters* (Sonderform des Spitzbogenfensters). Ob es sich dabei tatsächlich um die ursprüngliche Form der Nische handelt oder sie nur ein Gestaltungselement der Malerei ist, ist nicht bekannt. Um dieses Lanzettfenster schmücken sich mehrere Wandmalereien, die als Gesamtbild wie ein großer *Flügelaltar* aussehen. Ein hochformatiges Bildfeld links und rechts stellen je einen Flügel dar und erstrecken sich bis zur Oberkante der Nische. Ein drittes querformatiges Bildfeld liegt mittig über der Nische. Umrandet werden alle Teile durch eine dicke dunkelrote Linie. Die beiden Flügel liegen auf einem nach außen breiter werdenden Sockel, der von feinen Rankenornamenten geschmückt wird. Der Sockel nimmt fast ein Drittel des gesamten Wandgemäldes ein und trägt auf der linken Seite ein *Weihekreuz*.

Das linke Bildfeld zeigt den Innenraum einer Kirche mit einem Kreuzgratgewölbe und einem Altar auf der rechten Seite. Hinter dem Altar steht eine Person, die eine blaue hohe und verzierte Henkelkanne in der linken Hand hält. In der rechten Hand hat sie etwas, das wie ein Laib Brot aussieht. Es kann sich aber auch um ein Gefäß handeln, in das etwas aus der Kanne hineingegossen wird. Im Hintergrund sind mehrere Personen erkennbar, die in einem Halbkreis um den Altar stehen. Diese Szene stellt vermutlich den Priester *Melchisedek* dar. In Genesis (1. Buch Mose) 14,18 steht »*Aber Melchisedek, der König von Salem, trug Brot und Wein heraus. Und er war ein Priester Gottes des Höchsten*«. Das Bildnis stellt eine typografische Szene der Umwandlung des Weines dar.

Das rechte Bildfeld zeigt Mose und die Kinder Israels mit dem Manna, dem Brot, das nachts in der Wüste vom Himmel fiel (2. Mose 16). Die Landschaft im Hintergrund besteht links aus einer braunen Erhebung und rechts aus einer grünen Wiese. Über allem erstreckt sich der blaue Himmel. Der stehende Mann links mit dem orangefarbenen Gewand stellt vermutlich Mose dar, der das vom Himmel fallende Manna empfängt. Die drei anderen Personen (vermutlich Frauen oder Kinder) sammeln das auf dem Boden liegende Manna auf. Das Bildnis stellt eine typografische Szene der Umwandlung des Brotes dar.

Obwohl beide Bilder an unterschiedlichen Orten stattfinden (links in einem Gebäude, rechts im Freien), sind beide Szenen oben mit einem grauen Rundbogen überspannt, der eine Zusammengehörigkeit symbolisieren soll.

Das dritte querformatige Bildfeld darüber verbindet die beiden Flügel. Es stellt den auferstandenen Christus aus dem Grab dar. Christus schwebt mit einer segnenden Geste über dem Sarkophagdeckel (Deckel eines Steinsargs). In seiner linken Hand hält er die Siegesfahne. Auf beiden Seiten sind Wächter zu sehen, die schlafen oder erschrocken scheinen, was jedoch schwer zu erkennen ist. Der Hintergrund ist gänzlich in einem dunklen Braunton gehalten, was wohl das Innere des Grabes darstellen soll.

Die Einfassung des Sakramentshauses als mehrteiligen Flügelaltar ist sehr außergewöhnlich und in der Region einmalig. Diesen Anspruch bestätigt auch das gesamte Gemälde, das jedoch mittlerweile starke Schäden aufweist. Die ursprünglich hohe Qualität wird beispielsweise in den Innenraumgestaltungen mit den perspektivischen Verkürzungen bis hin zur Darstellung des *Maßwerkes* in den Fenstern deutlich.

Im unteren Bereich des Gemäldes befand sich früher die *Sakramentsnische*. Sie konnte vermutlich, wie damals oft üblich, verschlossen werden. In ihr wurden Brot (als der Leib Jesu) und Wein (als das Blut Jesu) aufbewahrt. Allerdings musste sie auf Befehl von *Herzog Christoph von Württemberg* zugemauert werden. Unter dem Putz sind noch die Ränder der Nische sowie die zugemauerte Nische sichtbar. In einem Erlass vom **19. August 1556**, unterzeichnet von Sebastian Hornmold, heißt es:

> *»So wöllent dieselben in still und beschaidenlich abprechen, und da sie in Mauerwerk eingemauert, das gehauwen Werkh darausz prechen unnd diesselben eben dem gemeur aussmauern und verdinchen, unnd auch daran nicht verhindern lassen, damit solche abgöterey forkommen und verhuet werd.«*

Abendmahlsgefäße in der Sakristeinische.

Die Reformation

Herzog Ulrich von Württemberg führte in seinem Herrschaftsgebiet **1534** die Reformation ein und ganz Württemberg wurde evangelisch. Ab diesem Zeitpunkt wurden nur noch evangelische Gottesdienste abgehalten. Der erste evangelische Pfarrer war Pfarrer Nikolaus Horn aus Stuttgart (1534-1554). Herzog Christoph von Württemberg ordnete **1558** die Führung eines Tauf- und Ehebuches an und Pfarrer Michael Haas von Herrenberg (1558-1585 Pfarrer in Sersheim) begann mit den Eintragungen. Diese Kirchenbücher sind alle erhalten geblieben und inzwischen digitalisiert worden.

1. Kirchenbuch.

Der erste Eintrag im Taufbuch ist vom 21. Januar 1558 und gilt der Tochter des damaligen Schultheißen: »*Andreas Schmid Schulthaiß, Katharina sein Hausfraw, Katharina das Taufkind, Barbara Erhatt Meiliungs Hausfr. Gevatter [Pate].*«. Alle Eintragungen sind sorgfältig geführt und geben einen guten Einblick in die damalige Lebensverhältnisse. Sie zeigen nicht nur den Namen des Täuflings, sondern auch die Vor- und Nachnamen sowie den Beruf des Vaters, der Mutter und des Paten, die damals meist Verwandte der Taufeltern waren.

Das Totenbuch wurde erst ab dem Jahr 1649 angelegt, als der 30-jährige Krieg zu Ende war.

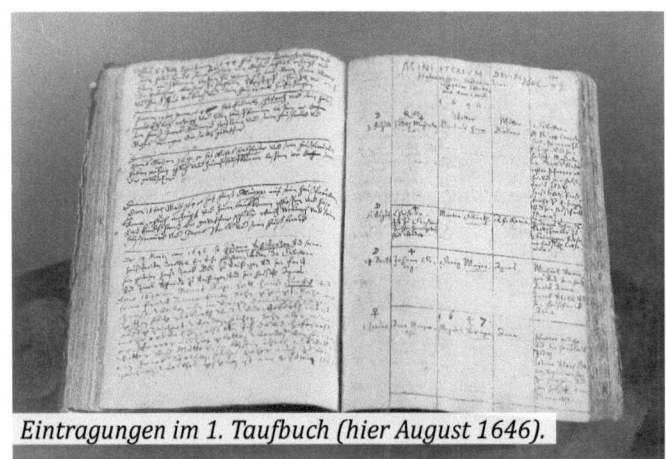
Eintragungen im 1. Taufbuch (hier August 1646).

Der neue Friedhof

Der Kirchhof (Friedhof) lag einst auf der Nordseite der Kirche innerhalb der umlaufenden Mauer. Das Kirchenschiff war zu dieser Zeit noch wesentlich kleiner als das Heutige, daher war noch mehr Platz um die Kirche vorhanden. Als jedoch im Jahr 1574 in Süddeutschland die Pest ausbrach und viele Opfer forderte, wurde der Friedhof schnell zu klein. Die Gemeinde wandte sich im **Juni 1577** an *Herzog Ludwig von Württemberg* und bat um eine Verlegung des Friedhofes an den heutigen Platz bei der Oberen Mühle (Mühle Grau).

Im Kirchenbuch befindet sich ein Eintrag über die erste Beerdigung einer Margreth Görweckhens am **18. September 1578**. Dort steht auch, dass der neue Friedhof nach ihr benannt werden soll:

> »Im Jahr, als man zählt Tausend fünfhundert siebentzig acht, den achtzehnten Septembris, ist Margreth, Hans Görweckhens Dochter, in ihrer Jungfrau Stand, in Christo seeliglich verschieden, und die erst Person worden, so auf die neue Leiblegung kommen, darum dieselbiig „Sanct Margarethen Begräbnis" heißen soll.«

Das alte Zifferblatt und die Sonnenuhr

Auf der Südwand des Turmes befindet sich ein altes Zifferblatt einer mechanischen Uhr. Direkt darunter ist eine *Sonnenuhr* oder auch Sonnenanzeiger genannt, angebracht. Sie stammen beide aus der Zeit um 1600 und wurden bei der Renovierung des Turmes im Jahre 1979 freigelegt und restauriert (siehe Seite 58). Auch sie sind, wie viele Gemälde in der Kirche, reichlich verziert und mit Ornamenten versehen.

Da die mechanische Uhr und die darunter liegende Sonnenuhr eine zusammenhängende Einheit bilden, liegt es nahe, dass die Sonnenuhr nur zum Justieren der mechanischen Uhr diente, die zu damaliger Zeit noch sehr ungenau lief. Da sie nur die Mittagsstunden anzeigt, wird sie auch Mittagsweiser genannt. Vermutlich sind die Uhren im Jahr **1609** angebracht worden.

Bei dieser Sonnenuhr handelt es sich um eine Vertikalsonnenuhr, da das Zifferblatt vertikal (senkrecht) angeordnet ist. Der Schattenstab ist dabei parallel zur Erdachse und nicht zum Erdboden ausgerichtet. Er wird auch als Polstab bezeichnet, da seine Enden zu den Himmelspolen zeigen (nach Süden). Er hat eine Länge von ca. 120 cm und befindet sich in einer Höhe von ca. 10 m.

Die Sonnenuhr kann die Zeit von 8:30 Uhr (oberste Viereck auf der linken Seite) bis etwa 17:00 Uhr (oberer weißer Rand auf der rechten Seite) anzeigen. Die für damalige Uhren üblichen römischen Zahlen zeigen jeweils die volle Stunde an, die kleinen Vierecke zeigen jeweils die halbe Stunde an.

Beim genauen Betrachten der Sonnenuhr fällt auf, dass die Ziffer 12 (*XII*) auf dem Zifferblatt der Sonnenuhr nicht wie üblich in der Mitte, sondern nach links versetzt ist. Steht der Schatten des Polstabes genau in der Mitte, so ist es 13:00 Uhr (*I*). Das liegt daran, dass die Kirche nicht genau parallel nach Süden ausgerichtet ist, sondern um ca. 15° versetzt ist.

Über die damalige mechanische Uhr ist nichts erhalten geblieben. Sie wurde wohl im Frühjahr **1675** durch Jacob Friderich Wallenburger, ein Schlosser und Uhrmacher aus Vaihingen, überholt und wieder gangbar gemacht. Er reparierte sie auch nach der Zerstörung durch französische Soldaten im selben Jahr.

Im Jahr **1609** wurde auch das Kirchenschiff durch den Baumeister Friedrich Vischlin nach Westen erweitert.

Altes Zifferblatt mit darunterliegender Sonnenuhr.

Der 30 jährige Krieg

Auch in Sersheim hinterließ der 30-jährige Krieg (1618 bis 1648) seine Spuren. Nach der Schlacht bei Nördlingen am **6. September 1634** wurden große Teile des Dorfes erheblich zerstört. Die Bewohner flüchteten in die benachbarte und befestigte Stadt Vaihingen. Jedoch starben hier etliche an Hunger und an der Pest. Sogar der damalige Sersheimer Pfarrer Johann Valentin Dinckelacker erkrankte in Vaihingen an der Pest und starb dort am 21. August 1635. Die Sersheimer Kirche wurde von umherziehenden Soldaten ausgeraubt und es wurden alle Fenster eingeschlagen. Ein Gottesdienst konnte nicht mehr gefeiert werden. Bis ins Jahr 1640 war die Pfarrstelle in Sersheim nicht besetzt. Im Jahr **1640** kam Pfarrer Christoph Scheytt, der für Sersheim und Horrheim zuständig war. Es konnten nun wieder Gottesdienste, Taufen und das Abendmahl in der Kirche gefeiert werden.

Aber schon Pfingsten 1647 konnte der Gottesdienst nicht stattfinden, weil die Gemeinde auf Grund des Krieges *durch eilige Flucht zerstreut* wurde. Erst im Laufe des Jahres 1649 kehrte wieder der gewöhnliche Alltag ein. Durch Stiftungen konnten die geraubten Gefäße und Antependien (Altar- und Kanzelbehang) wieder beschafft werden. So feierte man **1650** ein großes Friedens- und Dankesfest, bei dem die Zwillinge des Schulmeisters Mauch auf die Namen Christiana und Friederica getauft wurden.

Die 2. Glocke

Im Protokoll des *Kirchenkonvent* aus dem Jahre **1651** ist zum ersten Mal von zwei Glocken auf dem Kirchturm die Rede. Bei der Beerdigung eines Erwachsenen wurde *erstlich die groß Glockh gelitten*, danach in einem Abstand von einer Viertelstunde wurde mit der kleinen Glocke ein Zeichen gegeben und dann wieder eine Viertelstunde später mit der kleinen Glocke *geklingt und gleich damit zusammengelitten*. Es sollte so lange zusammengeläutet werden, bis der Leichenzug am Friedhof ankam. Dann *soll man mit der großen Glockh nachlassen, aber mit der kleinen Glockh etwas länger fort leitten, alsdann damit ein End am Leitten machen*.

Zerstörungen der Kirche durch Soldaten

In der Heiligenrechnung (Abrechnung über das Kirchenvermögen) aus dem Jahre **1674/75** wurde von Zerstörungen durch die kaiserlichen Soldaten an der Kirche berichtet.

Es wurde angegeben:

Umb willen von denen kayserl. Soldaten im Majo anno 1675 die Türen und Läden in der Kürchen hin und wider gerißen, verschlagen und übel verderbet worden, so hat Hans Georg Bäderlin allhier dieselben wieder zusammengeflückht und ausgebeßert, womit er 1/2 Tag zugebracht und deßwegen empfangen **10 Krz**

Einem Glaser, Anthoni Teufeln, welcher die Fenster in der Kürchen hin und wider ausgebeßert und 29 Stück Glaß eingesetzt, widerfahren laßen **30 Krz**

Abraham Stückhen, Sayler zu ermeltem Vayhingen, um 3 neue Uhrseyler, um willen die kayserl. Soldaten die vorigen hinweg genommen laut Verkundt entrichtet **3 f 5 Krz**

Christian Wayßlin, Maurer aus Tyrol, hat von neuem aufgeführt an der Kürchmauren zwey Stückh, welche in der Länge auf die 10 Schu gefallen und die Blatten dabey zu wohl gelegt, so dann am Thurm hin und wider die Zügel gestoßen. War für ihn accordirtermaßen zu Lohn gereicht worden **3 f 12 Krz**

Jacob Friderich Wallenburger, Schloßer und Uhrenmachen zu Vayhingen, hat im Frühling anno 1675 hiesige Kürchenuhr, welche alt und ausgelasten, und dahero zum Zeiten überlasten, zum Zeiten aber ganz stillgestanden, verlegt und ausgebutzt und wieder zusammengestellt, war für ihn accordirtermaßen erhalten **30 Krz**

Item von dem Sonnenanzeiger, denn die Soldaten herunder gerißen, wider zu wohl zu machen **10 Krz**

Erwenter Jacob Friderich Wallenburger hat die Unruhe an der Uhr wider zurecht gemacht, item das Staigrad dabey wider außgebeßert, und die Zähn daran allenthalben frisch abgefeylt, desgleichen 2 neue federn verfestigt und 2 neue Gewichte von Bley darzu gegoßen. Hiermit er in allem verdient **(unleserlich) Krz**

Als das große Schlagwerkh durch die kayserlichen Soldaten im Majo 1675 über verderbet und also zugerichtet worden, daß dasselbe allerzeit sehr unrichtig gegangen, so hat bewärter Jacob Friderich Wallenberger, solches wider zugerichtet und mit etlichen Scheiblein versehen, dafür **34 Krz**

Das *f* steht für Gulden und war eine Goldmünze. Die Abkürzung *f* stammt vom lateinischen *florenus aureus*. Ein Gulden hat heute etwa die Kaufkraft von 50 €. Die nächstkleinere Einheit war der Kreuzer (*Krz*), was heute etwa 70 Cent beträgt. 72 Kreuzer entsprachen einem Gulden.

Im Jahr **1707** zerstörten französische Soldaten erneut das Kirchenschiff und die Orgel. Da kaum noch Geld vorhanden war, wurden die Schäden nur sehr sparsam ausgebessert. Das oberste Drittel des Kirchenschiffs wurde als Fachwerkgeschoss mit einem Satteldach auf den massiven Steinunterbau gesetzt.

Die Erweiterung und die neue Orgel

Nach dem 30-jährigen Krieg wuchs die Einwohnerzahl und die Kirche wurde bald zu klein. Die Gemeinde wandte sich daher im Jahre **1745** an *Herzog Karl Eugen von Württemberg* und bat um die Baugenehmigung für eine Erweiterung der Kirche, eine Erhöhung des Turmes und um eine neue Orgel. Die Orgel wurde *zur Aufrichtung des Gesangs* benötigt, da die bisherige Orgel von den französischen Soldaten im Jahr 1707 zerstört wurde. Der Kirchturm sollte in dem Zuge erhöht werden, *wo von man nicht aller Orten im Dorf das Läuten und Schlagen der Glocken höret*. Es wurde aber lediglich der Erweiterung des Kirchenschiffes zugestimmt, die Orgel als *ohnötig* (unnötig) empfunden und abgelehnt, ebenso die gewünschte Kirchturmerhöhung.

So wurde vorerst nur das Kirchenschiff erweitert. Im Chorraum wurde das alte Deckengewölbe herausgebrochen und der Raum wurde nach oben hin erweitert. Als Decke wurde ein rippenloses Kreuzgewölbe eingesetzt. Anstatt des alten Chorbogens kam ein höherer Rundbogen. Auf der Nordseite befand sich ein Ausgang zum alten Friedhof und auf der Südseite zwei Eingänge. Einen Außenaufgang zum Turm gab es nicht. Den Turm krönte schon damals das Helmdach, das ihm noch heute sein charakteristisches Aussehen verleiht.

Die Gemeinde ließ sich jedoch nicht entmutigen und bat 6 Jahre später im Jahr **1751** erneut um eine neue Orgel. Der Herzog änderte seine Meinung jedoch nicht und verweigerte nach wie vor die Genehmigung. Die Gemeinde ließ sich davon aber nicht abhalten und bestellte kurzerhand eigenmächtig eine neue Orgel. Der Ravensburger Orgelbauer Jörg Ebert fertigte und stellte sie auf der damaligen *Empore* im Chor auf. Sie kostete 350 ƒ (Gulden; ca. 17.500 €), davon durften nur 150 ƒ durch den Heiligen (über die Kirche) abgerechnet werden. Die restlichen 200 ƒ musste die *Commun* (die Gemeinde) zur Strafe für das eigenmächtige Vorgehen bei der Anschaffung des in den Augen des Herzogs *ohnnötigen Orgelwerks* selbst tragen.

Die Erneuerung der Kirche

Nicht einmal zwei Jahre nach der Fertigstellung der Erweiterung wurde im Jahre 1753 eine dringende Erneuerung der Kirche notwendig, da man sogar den täglichen Einsturz befürchtete. Baumeister Groß wurde mit der geplanten Erneuerung beauftragt. Er stellte in seinem Befund fest, dass die alte Mauer des Kirchenschiffes schon vor 45 Jahren (bei der Reparatur nach der Zerstörung durch französische Soldaten 1707) hätte neu gemauert werden sollen. In seinem Befund vom **24. Mai 1753** steht:

> »Es wurde befunden, daß schon vor 45 Jahren auf die damals schon alt geweste steinerne Stockmauer zu 3 Seiten ein Stock von Holz gesetzt worden, so nit recht mit Schwinck und Bögen versehen wurde, und daher verursacht, daß die ohnehin liederlich geweste alte Stockmauer wegen ihres schlechten Fundaments dieses Gebäu nit ertragen können, sondern solches sich völlig auf eine Seite geschoben, daß man alle Tag den plötzlichen Einsturz zu befehren hat. So hat sich deutlich gezeigt, daß ein ganz neuer steinerner Stock zu 3 Seiten, 67 Schuh lang, 36 Schuh breit, 26 Schuh hoch und 3 Schuh dick bis unter das Tachwerk aufgeführt werden muß.«

Ein *Schuh* betrug zu damaliger Zeit in Württemberg 28,649 cm. Das neue Kirchenschiff hatte somit eine Länge von 19,2 m, eine Breite von 10,3 m und war 7,4 m hoch. Die Dicke der Wände sollte etwa 86 cm betragen.

Mit der Erlaubnis des Herzogs Karl Eugen von Württemberg wurde mit dem dringend notwendigen Neubau begonnen. Der Herzog schickte am 8. Oktober 1753 den Baumeister Majer, um die Bauarbeiten zu überprüfen und zu kontrollieren, nachdem 1751 die Gemeinde eigenmächtig bei der abgelehnten Orgelbeschaffung vorging. In seinem Bericht an den Herzog kritisierte Baumeister Majer seinen Kollegen Groß wegen der schlechten Bauplanung scharf. Er sprach aber ein Lob an die Handwerker aus, die eigenverantwortlich eine sehr gute Arbeit verrichteten, obwohl sie die Vorgaben des Bauplanes nicht immer genau umsetzten.

Bei der Erneuerung des Kirchenschiffes wurde das Fundament tiefer gelegt. Die Mauern wurden komplett aus Stein neu gemauert. Der Grundriss wurde auf der Nordseite um ca. 2 m breiter. Dadurch lagen aber jetzt der Turm und der Chor nicht mehr auf der Mittelachse der Kirche. Das neue Kirchenschiff wies auf der Süd- und Nordseite je ein zusätzliches kleines Fenster auf, um mehr Licht in die Kirche zu lassen.

Der Eingang auf der Nordseite zum ehemaligen Friedhof fiel weg. Das Fenster über dem Nordeingang wurde als hohes Fenster ausgeführt. Zusätzlich kam vor der Kanzel ein kleines Fenster hinzu. Somit befanden sich nun drei hohe und ein kleines Fenster auf der Nordseite. An der Südseite entfiel der Eckeingang, der Mitteleingang wurde beibehalten. Zusätzlich gab es einen neuen Eingang, der zur Südempore führte. Über diesem neuen Eingang kam auch auf gleicher Höhe wie auf der Nordseite ein kleines Fenster hinzu. Die Südseite bekam noch einen dritten Eingang, der in den Chor führte. Zusätzlich gab es auf der Westseite einen Eingang, der mit dem Altar auf einer Linie lag. Damit die Empore zusätzliches Tageslicht bekam, wurden oben zwei runde Fenster eingebaut.

Um von außen in den Turm zu gelangen, wurde auf der Ostseite ein Treppenaufgang gebaut, der oberhalb der Sakristei in den Turm führt.

Am **17. Dezember 1753** wurde der Neubau des Kirchenschiffes unter Baumeister Lutz von Oetigheim abgeschlossen. Über dem Mitteleingang wurde in den Türstein *Erbaut Ano 1753* eingemeißelt. Herr Pfarrer Paul Adolf Pfleiderer schrieb damals:

> *»Wir besitzen von dem Baumeister Groß noch einen Grundriß der alten Kirche und ein von der Südseite her aufgezeichnetes Bild (siehe Seite 42/43). Nach diesem Bild hatte die Kirche von 1707 und früher auf der Nordseite einen Ausgang zum alten Friedhof und auf der Südseite in der Westecke ebenfalls noch einen Aus- und Eingang wohl für die Empore. Die alte Kirche besaß keinen besonderen Eingang in den Turm. Den Turm krönte schon vor 1753 das Helmdach, das ihm noch heute sein charakteristisches Aussehen verleiht.«*

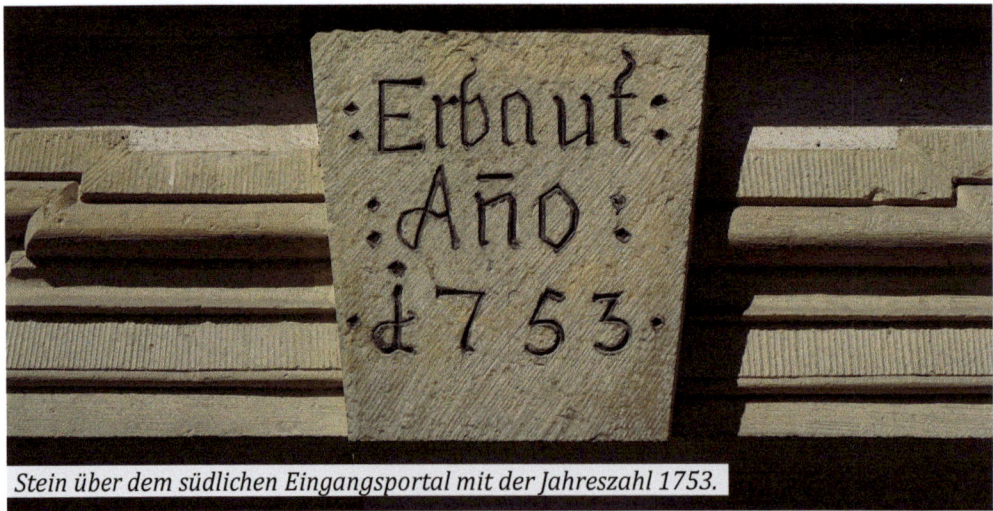

Stein über dem südlichen Eingangsportal mit der Jahreszahl 1753.

Außenaufgang zum Turm an der Ostseite des Turmes.

Abscf
Kirche Ser.

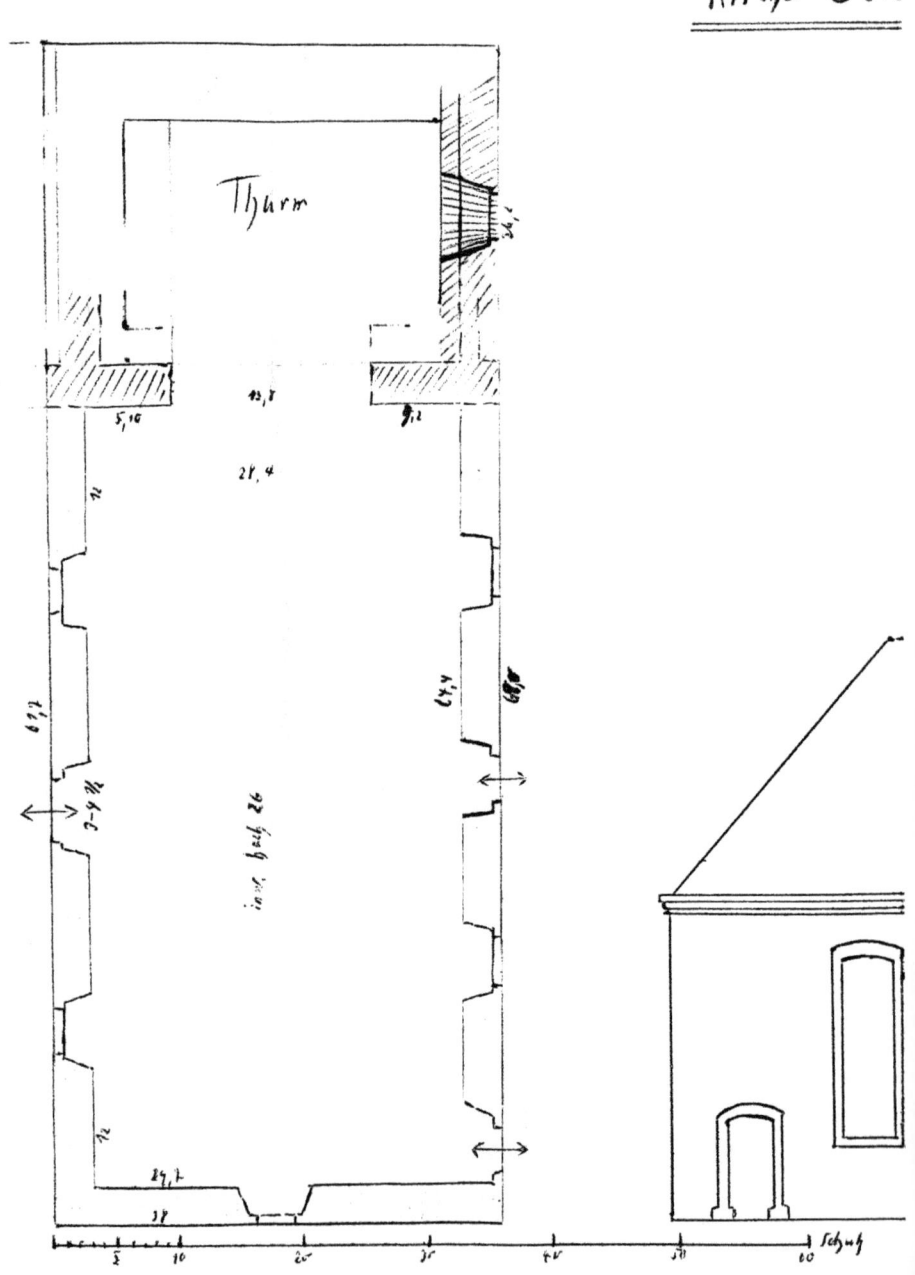

42

...ift
heim **1707**/53   gez. Baumeister Gross um 1753

Bestand 1707

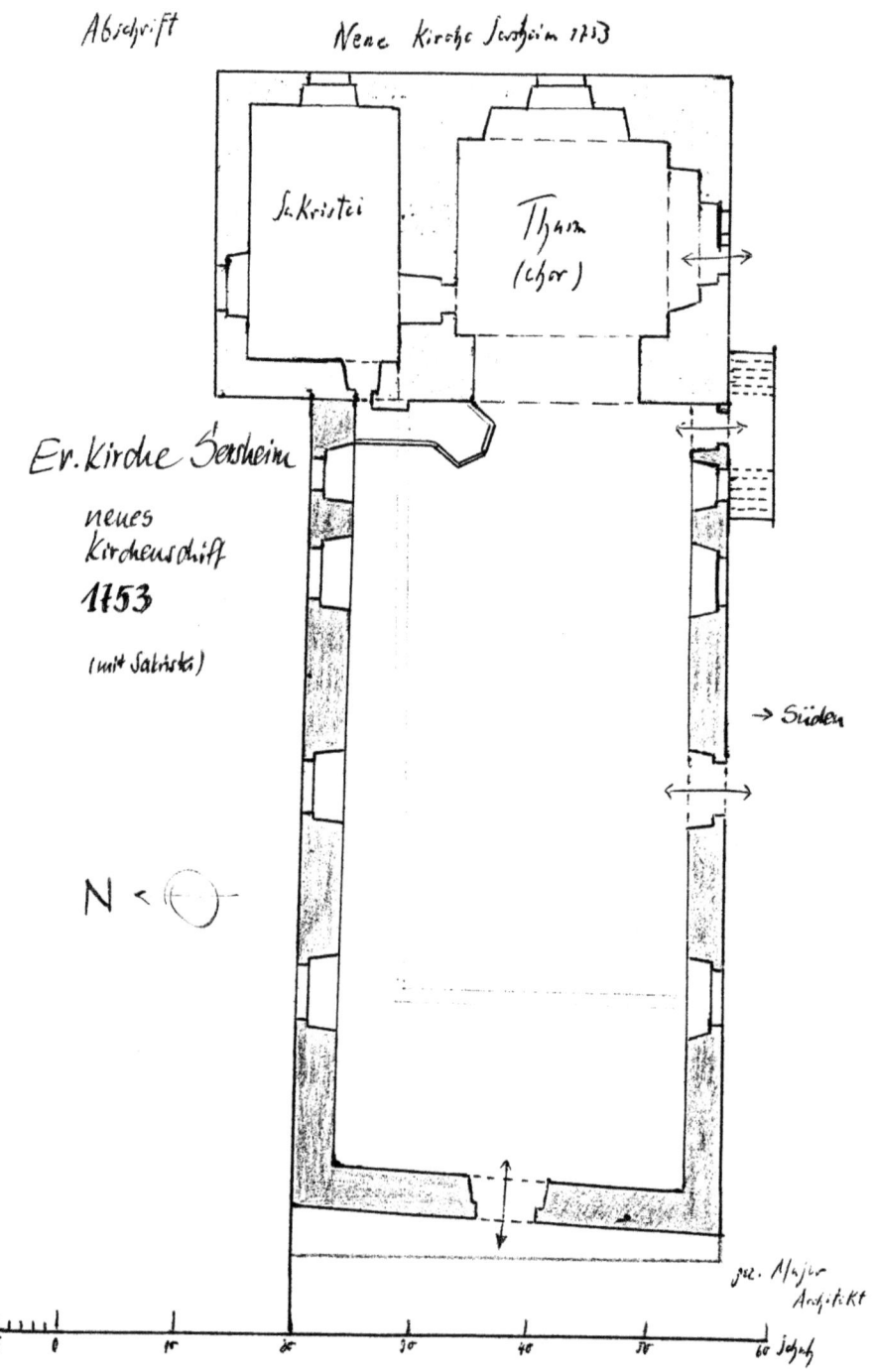

Die Turmerneuerungen

Im Jahre **1777** musste der Turm ausgebessert werden, da er *an den Helmstangen in ganzliche Fäulung gekommen und so verdorben, daß das Kreuz den täglichen Einsturz drohet.*

Die Ausbesserungen waren jedoch nicht von langer Dauer, denn **1796** war der Kirchturm schon wieder sanierungsbedürftig. Daher schrieb die Gemeinde an *Herzog Friedrich Eugen von Württemberg*:

> *»Der hiesige Kirchenturm wurde schon im Jahr 1794 vom Sturm und Wind sehr beschädigt und ganz löcherig, dahero solcher unumgänglich eingedeckt und repariert werden sollte, ansonsten Holz und Uhrseiler dem Regen ausgesetzt und verdorben würden.«*

Die Reparatur wurde von ihm genehmigt und von dem Schieferdecker Bähr aus Horrheim und dem Maurer Faigle aus Sersheim durchgeführt.

Die Innenrestaurierung

Nach fast 130 Jahren wurde im Jahr **1882** der Innenraum der Kirche restauriert. Zuständig für die Planung waren der auf Kirchenbau spezialisierte Oberbaurat Heinrich Dolmetsch und der Baumeister Braun aus Stuttgart. Dabei wurde auch ein neuer Altar eingebaut. Die Bänke, der Fußboden und die Kanzel wurden ausgebessert.

Das Fenster neben der Kanzel wurde **1895** durch eine Glasmalerei ersetzt. Sie ist eine Stiftung vom Stadtschultheiß Oßwald aus Oberriexingen. Das Bild zeigt Christus, den guten Hirten. Mehr dazu unter »Das Kanzelfenster« auf Seite 72.

Der Orgelbauer Friedrich Weigle aus Echterdingen lieferte **1899** eine neue Orgel. Seit dem Jahr **1926** besitzt die Kirche zudem elektrisches Licht.

Kirchenschiff mit Empore und altem Ofen (1882).

Blick von der Empore auf Altar und Chor (1882).

Altar mit Kruzifix und Taufstein. Im Hintergrund die Orgel auf der Orgelempore (1882).

Die neue mechanische Kirchenuhr

Die alte mechanische Kirchenuhr, die vermutlich 1609 eingebaut wurde, tauschte man **1896** durch eine neue mechanische Uhr von der 1862 gegründeten Ulmer Turmuhrenfabrik Philipp Hörz aus. Die Fabrikationsnummer der Uhr lautet *874*, der Uhrentyp *T 350 d*. Das Uhrwerk besteht aus 23 Messingzahnräder, das größte von ihnen hat einen Durchmesser von 350 mm (daher das 350 d in der Typbezeichnung). Das ganze Uhrwerk macht den Eindruck, als wäre es für eine lange Lebenszeit gebaut worden: Alle Schrauben, Muttern und Wellen sind nach Zollabmessungen von Hand gefertigt, die Messingzahnräder gegossen und gefräst. Sie kostete damals auch stolze 3.782 Reichsmark (heute etwa 13.128 €).

Die Uhr konnte für damalige Verhältnisse schon sehr viel: Sie schlug den Viertelstundenschlag, den vollen Stundenschlag und hatte sogar einen Stundennachschlag (Repetitionsschlag). Daher befand sich die umfangreiche Mechanik der Uhr in einem dreitürigen Holzgehäuse mit den Maßen 165 x 75 x 160 cm. Aufgestellt wurde der Uhrenkasten ein Stockwerk unterhalb der Glockenstube auf der Höhe des alten aufgemalten Zifferblattes auf dem Turm. Von der Rückseite des Gehäuses führte eine Metallstange nach draußen zu den Zeigern. Der Durchbruch in der Wand für diese Stange ist heute noch vorhanden.

Die vier Stahlseile der Gegengewichte wurden oben aus dem Holzgehäuse über Umlenkrollen an der Decke entlang geführt. Von dort laufen sie gesammelt in der Ecke rechts hinter dem Gehäuse in einem verkleideten Schacht nach unten zu den einzelnen Gewichten, die aus einem Stein bestehen. Kurz bevor die Gewichte unten angekommen sind, mussten sie mit einer Handkurbel wieder nach oben gezogen werden. Eines dieser Gewichte ist inzwischen zerfallen.

Von der Uhr führen auch die Seile zu den Läutehämmern an den Glocken. Der Viertelstundenschlag (viertel, halb, dreiviertel und ganz) wurde mit der tonhöheren Glocke (der kleinen Glocke) angeschlagen, also einmal für viertel, zweimal für halb, dreimal für dreiviertel und viermal für die volle Stunde. Der Stundenschlag wurde mit der tontiefsten Glocke (der großen Glocke) geschlagen. Zuerst schlug jedoch die tonhöhere Glocke viermal den Viertelstundenschlag. Der Stundennachschlag (Repetitionsschlag) ist eine automatische Wiederholung des Stundenschlages. Da die Kirche zunächst nur zwei Glocken besaß, erfolgte er wenige Minuten später ebenfalls mit der großen Glocke.

Das Uhrwerk mit seinem Gehäuse, Handaufzug mit Kurbel und den vier Gewichten ist im Turm unterhalb der Glockenstube erhalten.

Holzgehäuse der Uhr (links daneben ist noch ein Teil des Durchbruches zu sehen).

Umfangreiches mechanisches Uhrwerk der Turmuhr „T 350 d".

Alte Gewichte der mechanischen Uhr.

Die Glockenweihen

Zum Ende des ersten Weltkrieges (1914-1918) musste **1917** die zweite (kleine) Glocke im Rahmen der „Metallspende des deutschen Volkes" abgegeben werden. Diese Glocken lieferten wichtige Rohstoffe (vor allem Bronze) für die Rüstungsindustrie zur Herstellung von Geschosshülsen, da durch den Krieg viele Handelskontakte für Rohstoffe abgebrochen waren. Bei der Abgabe von Kirchenglocken war das Alter und der Wert der Bronzeklangkörper ausschlaggebend. Bei neueren Glocken wurde daher stärker zugegriffen. Nach dem Krieg wurde an ihrer Stelle eine neue Glocke geliefert. Im Jahr **1927** bekam die Kirche in Sersheim eine dritte Glocke. Die zweite und die dritte Glocke mussten auch während des zweiten Weltkrieges (1939-1945) abgegeben werden.

Die zweite Glocke (Kreuzglocke, siehe Seite 80) wurde **1950** während einer feierlichen Glockenweihe eingeweiht. Sie wurde mit einem LKW reichlich geschmückt in den Ort gebracht. Viele Bürger von Sersheim verfolgten das Schauspiel. Auf der Ostseite des Turmes wurde in der Glockenstube eine große Öffnung in die Turmmauer gebrochen. Anschließend wurde über der Öffnung ein Flaschenzug angebracht, an dem die Glocke mittels Muskelkraft in den Turm nach oben gezogen wurde (zu sehen auf dem vierten Bild auf der nächsten Doppelseite).

Die dritte Glocke (Taufglocke, siehe Seite 82) wurde erst **1953** wieder beschafft. Auch sie wurde während einer feierlichen Glockenweihe eingeweiht. Die Glocke wurde auf dem ersten LKW des Ortes des Fuhrunternehmers Robert Grau (Sohn aus der oberen Mühle) ebenfalls reichlich geschmückt zur Kirche gefahren. Auf der Ostseite des Turmes wurde in der Glockenstube wieder eine große rechteckige Öffnung in die Turmmauer gebrochen und anschließend die Glocke in den Turm gezogen. Diese Stelle ist heute nicht mehr sichtbar, da bei der Außenrenovierung 1979 das Fachwerk an der Wand freigelegt, ausgebessert und neu gemauert wurde.

Das Kirchturmdach wurde im selben Jahr durch den Dachdeckermeister Gottlieb Fink & Sohn aus Illingen neu eingedeckt. Bei diesen Arbeiten wurde ein schadhafter Holzträger festgestellt, den der Sersheimer Schmiedemeister Friedhelm Götz durch einen Eisenträger ersetzte, der seitdem das Gebälk abstützt.

Die neue Taufglocke (3. Glocke) wird auf dem geschmückten LKW angeliefert (1953).

Auch die neue Taufglocke ist reichlich geschmückt (1953).

Die Glocke wird für den Flaschenzug vorbereitet (1953).

Die Glocke wird außen am Turm hochgezogen (1953).

Die große Innenrenovierung

Die große Innenrenovierung der Kirche fand im Jahr **1958** statt. Dabei wurden neben vielen baulichen Veränderungen auch das Gestühl (Bänke) erneuert.

Die Empore auf der Südseite wurde mitsamt dem Treppenaufgang abgebaut und der Eingang zugemauert. Das Fenster über dem Eingang wurde beibehalten und nicht nach unten vergrößert. Der Taufstein, der sich seither mittig vor dem Altar befand, wurde an den nun freigewordenen Platz in der Südostecke des Kirchenschiffes versetzt. Die Westempore wurde komplett erneuert. Auf ihr wurde an der Südseite Platz für die neue Orgel (siehe Seite 85) geschaffen, die dort 1960 aufgestellt wurde. Sie wurde von der Firma E. F. Walcker & Cie aus Ludwigsburg geliefert. Der hintere Eingang der Südseite unter der Empore wurde zugemauert, da er dem neuen Treppenaufgang im Wege war.

Im Chor wurde der Südeingang ebenfalls zugemauert. Auch das über diesem Eingang befindliche Fenster wurde beibehalten und nicht nach unten vergrößert. Die Orgelempore im Chor wurde mitsamt der Orgel entfernt, da der neue Altar wieder im Chor aufgestellt wurde. An der Nordwand des Chores wurden alte Fresken (Wandmalereien) nach Maulbronner Vorbild um die ehemalige Sakramentsnische von 1510 freigelegt und restauriert (siehe Seite 27).

Das *Kruzifix*, das bisher im Chor hing, wurde nun hinter dem neuen Altartisch aufgestellt. Das Kunstwerk wurde um das Jahr 1620 von einem unbekannten Meister angefertigt. Es wurde bereits zuvor vom Bildhauer Ulrich Henn aus Plieningen 1953 aufwändig und vorsichtig restauriert.

Die *Kanzel* wurde um etwa 2 m herabgesetzt, sodass der Zugang nun vom Schiff her über eine kurze Bogentreppe möglich war. Der alte Zugang über die Sakristei wurde geschlossen. Der Ansatz ist heute noch links neben dem Schalldeckel der Kanzel (Kanzelhimmel) sichtbar. Auf ihm wurde der Schriftzug *Seelig sind die Gottes Wort hören und bewahren* angebracht.

Als der Boden im Kirchenschiff erneuert wurde, stieß man auf den Grundriss einer früheren Kirche. Sie war etwa 5 m kürzer und 2 m schmäler und bildete eine direkte Verlängerung des Chorturms.

Die Fenster in der Kirche wurden ebenfalls erneuert. Das Fenster hinter dem Altar an der Ostseite des Chores wurde von Otto Reichert aus Wien 1958 gestiftet (er war einer der Söhne von Carl Reichert, der in Sersheim geboren wurde). Der Glasmaler Adolf Valentin Saile aus Stuttgart gestaltete es nach der Offenbarung Johannes,21-22. Mehr dazu unter »Das Chorfenster« auf Seite 74.

Herabgesetzte Kanzel, Altar und Kruzifix im Chorraum und Taufstein (rechts). Im Hintergrund die freigelegte Wandmalerei von 1510 im Chorraum (1958).

Nordseite der Kirche mit neuer Empore und neuen Kirchenbänken (1958).

Auf der neuen Westempore fehlt noch die neue Orgel (1958).

Neu gestaltetes Kirchenschiff mit neuer Westempore und neuer Orgel (1958).

Die neue Turmuhr

Im Jahr **1969** wurde das alte bisher einzige Zifferblatt mit Zeiger auf der Südseite des Turmes erneuert. Es wurde nun auf jeder Seite des Turmes zwischen den Schallöffnungen der *Glockenstube* ein neues Uhrenzifferblatt mit 1,75 m Durchmesser montiert. Sie stammen von dem 1860 gegründeten Familienbetrieb PERROT GmbH & Co. KG aus Calw-Heumaden. Nun konnte von jeder Seite des Kirchturms die Uhrzeit abgelesen werden. Das bisherige mechanische Uhrwerk der Ulmer Turmuhrenfabrik Philipp Hörz aus dem Jahr 1896 (siehe Seite 46) wurde durch eine elektrische Uhrensteuerung ersetzt. Das alte Uhrengehäuse mitsamt Uhrwerk und Gewichte ist noch heute im Kirchturm unter der Glockenstube erhalten.

Die Außenrenovierung

Im Jahr **1979** wurde die Kirchenmauer entlang der Schlossstraße neu gemauert. Da bei der großen Innenrenovierung 1958 einige Eingänge in die Kirche wegfielen (hinterer und vorderer Südeingang im Kirchenschiff, sowie der Südeingang im Chor), beschloss man, den Mitteleingang in der Kirchenmauer ebenfalls wegfallen zu lassen. Er befand sich auf Höhe des Eingangsportals auf der Südseite. Der Zugang zur Kirche von der Schlossstraße erfolgte nur noch über die beiden Haupteingänge auf der West- und Ostseite.

1980 wurde das inzwischen schon in die Jahre gekommene Äußere der Kirche nach Plänen von Architekt Gottfried Wendschuh aus Stuttgart renoviert. Auf der Ostseite des Turmes blätterte der Putz bereits großflächig ab. Auch oben unter dem Turmdach fehlte bereits ein großes Stück Putz. Auch an anderen Stellen auf den Außenwänden war die Kirche nicht mehr schön anzusehen.

Der bisherige braune Putz wurde komplett entfernt, zum Vorschein kamen wieder die alten Mauersteine. Das Gebäude wurde anschließend neu verputzt und weiß gestrichen. Am Kirchenschiff und am Turm wurden die alten Eckquader mit verputzt und sind dadurch nicht mehr zu sehen. Sie wurden nun durch aufwendige Umrisszeichnungen wieder dargestellt. Die bisherigen Fenstereinfassungen wurden auch überstrichen und ebenfalls durch Umrisszeichnungen dargestellt.

An der Nord- und Ostseite der Glockenstube und am Pultdach der Sakristei wurde das alte Fachwerk wieder freigelegt. Im Turm wurde das Fachwerk ausgebessert und neu gemauert. Dies ist innen an dem roten Mauerwerk erkennbar.

Bei der Renovierung des Turmes stieß man an der Südwand auf ein altes, reichlich verziertes und mit Ornamenten versehenes Zifferblatt. Es handelt sich dabei um das Zifferblatt der alten mechanischen Uhr. Darunter befindet sich eine Sonnenuhr aus dem Jahr **1609** (siehe Seite 32). Sie wurden beide freigelegt und behutsam restauriert.

Alte Kirchenmauer entlang der Schlossstraße mit Mitteleingang (1979).

Die Kirchenmauer wird erneuert (1979).

An der Ostwand des Turmes ist an mehreren Stellen großflächig der Putz abgeblättert (1980).

Komplett eingerüstete Kirche (1980).

Neu gestrichene Kirche mit angedeuteten Ecksteinen (1980).

Freigelegtes Fachwerk an der Ost- und Nordwand des Turmes sowie am Pultdach der Sakristei. (1980).

Die Turmkugel

Die Dachkonstruktion des Turmhelmes wurde erneuert, da sie Risse zeigte. Die Turmspitze musste ausgebessert werden, da in ihr der Holzwurm wohnte. Sie wurde durch eine solide eiserne Halterung ersetzt.

Im **Juni 1980** wurde der Turmhahn und die Kugel auf der Kirchturmspitze abgebaut, restauriert und vergoldet. Die alte Dokumentenschatulle, die in solchen Turmkugeln oft anzutreffen sind, wurde geöffnet. Sie bestand aus Kupfer und war zugelötet. Zum Vorschein kamen Geld aus der Inflationszeit, Postkarten von Sersheim, Ausgaben des evangelischen Gemeindeblattes, eine Tageszeitung und eine ausführliche Darstellung der örtlichen und politischen Ereignisse jener Jahre.

Der alte Turmhahn wird abgebaut: links Pfarrer Hans Eberhard Dietrich, ganz rechts Zimmerermeister Gerd Erwerle (1980).

Die alte Dokumentenschatulle wird geöffnet (1980).

Ein wichtiger Abschnitt der Außenrenovierung bildete das Wiederaufsetzen des neuen vergoldeten Turmhahnes am Dienstag, **11. September 1980**. Als Beigabe in die Dokumentenschatulle in der Kirchturmspitze wurden dieses Mal ein Münzsatz (Prägung 1979), die Festschrift des ersten Luggelesfestes (zweijährlich stattfindendes Dorffest) sowie Festschriften des örtlichen Gesangvereins, Turnvereins und Fußballvereins eingelegt. Zusätzlich kam eine ausführliche Beschreibung der Baumaßnahmen und eine Darstellung der Kirchengemeinde mit ihren Aktivitäten in die Kugel.

Neuer, vergoldeter Turmhahn.

Die Innenrenovierung

Das Innere der Kirche zeigte sich nicht mehr von seiner schönsten Seite. Außerdem kühlte es im Winter in der Kirche sehr schnell ab. Aufgrund der guten Erfahrungen bei der Außenrenovierung 1979 wurde wieder der auf Kirchenrenovierungen spezialisierte Architekt Gottfried Wendschuh beauftragt. Am **17. April 1990** (Tag nach Ostermontag) wurde dann nach dreijähriger Planung und zweijähriger Ansparphase mit der Renovierung begonnen. Hauptziele waren neben der Denkmalpflege auch eine Komfortsteigerung durch wärmeschutztechnische Maßnahmen und eine neue, bessere Beleuchtung.

Das Innere der Kirche vor der Renovierung (1990).

Die Risse in der Decke im Kirchenschiff wurden geschlossen und die Decke wurde mit Mineralwolle nach oben hin zum Dachboden isoliert. Um die bislang schmucklose Decke zu verschönern, wurden rechteckige Ornamente angebracht, die zusätzlich farblich gestaltet wurden. Die Wände wurden in gebrochenem Weiß neu gestrichen.

Die alten Fenster waren inzwischen undicht und wurden komplett durch eine neue Isolierverglasung mit neuen Bleisprossen ersetzt. Zusätzlich erhielten sie eine Fensterbrettheizung und die Fensterumrandungen wurden farblich betont. Der Fußboden mit seinen Steinplatten hatte über die Jahre Feuchtigkeit aufgezogen und zeigte nun vereinzelt Ansatz von Schimmel. Er wurde komplett ausgehoben, das Fundament neu betoniert und mit Travertinplatten (Kalkstein) ausgelegt. Zusätzlich wurde eine elektrische Fußbodenheizung installiert. Die alten Sitzbänke aus dem Jahr 1953 wurden in einer Schreinerei wieder aufgearbeitet und, mit einer Sitzheizung versehen, wieder eingebaut. Sie bieten nun etwa 450 Besuchern Platz. Auf der rechten Wandseite im Kirchenschiff wurden unter dem Putz Spuren von früheren Bemalungen freigelegt. Man hoffte, auch hier auf ein vollständiges Gemälde zu stoßen wie 1953 im Chorraum. Jedoch erwiesen sie sich nur als Bruchstücke von mehreren alten Wandgemälden, die keinen Zusammenhang hatten. Sie wurden daher übermalt.

Die Beleuchtung wurde komplett erneuert. Es war nun möglich, die Lampengruppen einzeln sowohl von der Sakristei als auch vom Kirchenschiff aus zu steuern. Dazu wurde eine neue Schalttafel an der Westwand neben der Türe eingebaut. Die Firma PERROT GmbH & Co. KG aus Calw-Heumaden, die schon 1969 den Läuteautomat für die Glockensteuerung geliefert hat, ersetzte ihn durch einen Läutecomputer. Die Schalttafel dazu dient auch gleichzeitig für die Steuerung der Glocken und wurde in der Sakristei in einen Holzschrank integriert. Zusätzlich wurde ein Tableau an der Westwand des Kirchenschiffes installiert. Nun kann der Mesner bzw. die Mesnerin dem Gottesdienst beiwohnen und trotzdem die Beleuchtung, Glocken und Heizung steuern. Das dazu notwendige elektrische Steuerwerk wurde in einem Raum unterhalb des Pultdaches über der Sakristei untergebracht.

Es wurde eine neue elektroakustische Anlage (ELA) in der Sakristei installiert, um das gesprochene Wort vom Altar und von der Kanzel in der Kirche besser zu hören. Mit dieser Anlage ist es auch möglich, den kompletten Gottesdienst auf einer Musikkassette aufzunehmen. So können auch ältere Gemeindeglieder zu Hause den Gottesdienst nachfeiern.

Für die ganze Renovierung wurden ursprünglich 142.000 DM (72.603,45 €) kalkuliert, die jedoch bei weitem nicht ausreichten, um alle geplanten Vorhaben umzusetzen. Es wurde mit mindestens 325.000 DM (166.169,86 €) gerechnet. Doch dieser Betrag musste während der Bauzeit aufgrund der schlechten Bausubstanz um weitere 70.000 DM auf 395.000 DM (201.960,29 €) erhöht werden. Dieser enorme Kapitaleinsatz erforderte trotz Zuschüsse von insgesamt 100.000 DM eine Ansparung von Eigenmitteln, die den Beginn um zwei Jahre nach hinten auf den 17. April 1990 verschob. Während der Renovierung wurde viel in Eigenleistung erbracht, um die Kosten im Rahmen zu halten.

Im Oktober des selben Jahres wurde auch das Innere des Turmes zum Großteil in Eigenleistung ausgebessert. Die neuen Holztreppen zur Glockenstube wurden vom Kirchengemeinderat und Hauskreishelfern erneuert. Im Glockenstuhl musste ein defekter Glockenmotor ausgetauscht werden. Die drei Glocken wurden von einer Firma überprüft und repariert, damit sie noch viele Jahre die Gemeindemitglieder zum Gottesdienst zusammenrufen können.

Am Sonntag, **2. Dezember 1990** (1. Advent) konnte nach über sieben Monate Renovierung die neue Kirche im Rahmen einer Festwoche wieder eingeweiht werden. Zum Abschluss dieser Festwoche erhielt die Kirche ihren heutigen Namen: Sie wurde zur **evangelischen Johanneskirche von Sersheim**.

Das Innere der Kirche nach der Renovierung (2015).

Das neu gestaltete Kirchenschiff von der Kanzel aus gesehen (2015).

Rundbogenfenster mit Maßwerk.

Die Fenster

Die Kirche hat insgesamt 13 Fenster. Auf der Nordseite befinden sich drei hohe Rundbogenfenster, sowie ein Glasgemälde in einem Rundbogenfenster (das Kanzelfenster, siehe Seite 72). Auf der Westseite befinden sich oben an der Empore zwei ovale Fenster mit einem Durchmesser von jeweils 118 x 88 cm. Die Südseite weist zwei hohe und drei kleine Rundbogenfenster auf. An der Ostseite im Chor befindet sich ebenfalls ein großes Glasgemälde in einem Rundbogenfenster (das Chorfenster, siehe Seite 74). Die Sakristei besitzt ein rechteckiges Fenster mit einer runden Bleiverglasung (Butzenscheibe) ebenfalls an der Ostseite.

Die Rundbogenfenster

Die Rundbogenfenster bestehen aus einer einfachen Buntglasisolierung. Die langen vertikalen Eisenstäben zwischen den Fensterteilen sind zusätzlich mit horizontalen Eisenstäben untereinander verbunden, um dem Fenster mehr Stabilität zu verleihen. Sie unterteilen die Fenster in rechteckige Felder, die immer 16 einzelne Buntglasscheiben aufnehmen. Je nach Höhe besteht ein Fenster aus vier oder zehn solcher Felder mit jeweils zwei Feldern für den abschließenden Rundbogen.

Die beiden hohen Rundbogenfenster auf der Südseite weisen oben ein schönes *Maßwerk* auf (siehe Bild links). Es besteht aus zwei Nonnenköpfen, über denen sich mittig im Rundbogen eine Vierpass-Form mit Dreiviertelkreisbögen befindet.

Das Kanzelfenster

Das ursprüngliche Rundbogenfenster links neben der Kanzel wurde am **24. November 1895** durch eine Glasmalerei ersetzt. Sie wurde gestiftet vom Stadtschultheiß Ohswald aus Oberriexingen und seiner aus Sersheim stammenden Frau Karoline Magdalene, geborene Reichert.

Die Glasmalerei zeigt einen verzierten weißen Torbogen. Oben auf der Innenseite weist er ebenfalls einen sogenannten Nonnenkopf auf. An der Außenseite befinden sich mehrere Blumenornamente. Die beiden Pfeiler an der Seite enden mit einem spitzen Dach, das einem Kirchturm ähnlt.

Unter dem Torbogen steht Jesus Christus als der gute Hirte. Er trägt eine rosafarbene Tunika und eine weiße Toga (Umhang), die auf der linken Seite gebunden ist. Seine Arme zeigen eine geöffnete Haltung, die das Willkommen in Gottes Reich zum Ausdruck bringen.

Der Rand des Fensters sowie der Rundbogen ist reichlich verziert mit Engelsflügeln und goldenen Blättern, abwechselnd auf rotem und blauem Grund. Unter dem Abbild von Jesus steht:

»Ich bin der Weg, die Wahrheit und das Leben.«

Unter dem Text befinden sich zwei Rundbögen auf rotem Hintergrund mit jeweils drei runden goldenen Blüten sowie in der Mitte einen weißen Stiel mit drei Blättern auf jeder Seite. Unten im Fenster steht:

»Gest. v. Stadtschuldheiss Ohswald in Oberriexingen, u. dessen Frau Karoline, Tochter des Ferd. Reichert v. Sersheim. 24 Nov 1895«

Kanzelfenster von 1895.

Das Chorfenster

Das große bunte Fenster in der Ostwand des Chores wurde **1958** während der großen Innenrenovierung eingebaut. Es wurde von Otto Reichert aus Wien gestiftet, der damit ein Vermächtnis seines Vaters Carl Friedrich Wilhelm Reichert (1851-1922) aus Sersheim erfüllte (Carl Reichert gründete 1876 die Optischen Werke Wien). Der inzwischen verstorbene Stuttgarter Glasmaler Adolf Valentin Saile (1905-1994) erschuf das zweigeteilte Bildnis. Der obere Teil wurde nach der Offenbarung Johannes 21 Vers 12 gestaltet. Dort wird das neue Jerusalem mit seiner großen und hohen Mauer mit ihren zwölf Toren beschrieben. In ihrer Mitte thront Jesus Christus. Um die Stadtmauer herum befinden sich die Symbole der vier Evangelisten: Matthäus, Markus, Lukas und Johannes. Der untere Teil geht nahtlos über und wurde nach der Offenbarung Johannes 22,1-2 gestaltet. Dort wird von einem Strom lebendigen Wassers berichtet, der von dem Thron Gottes ausgeht. Auf beiden Seiten des Stromes wachsen die Bäume des Lebens. Zu dem Fenster schreibt Herr Pfarrer Paul Adolf Pfleiderer:

> »Die Darstellung Christi als des erhöhten Herrn Himmels und der Erde auf dem Glasgemälde des Chorfensters zeigt eine erhabene, königliche Gestalt, auf einem Thronsessel sitzend, die rechte Hand zum Schwur erhoben als Zeichen seines festen, gewissen Wortes, während die Linke sich stützt auf das Buch des Lebens, das ihm übergeben ist. Seine Herrschaft vollzieht Christus in der himmlischen Gottesstadt, dem neuen Jerusalem, dessen Mauern und zwölf Tore ihn umgeben, flankiert von den Symbolen der vier Evangelisten, einem Engel (Matthäus), dem Löwen (Markus), einem Stier (Lukas) und dem Adler (Johannes), welche anzeigen, daß die Botschaft dieses Königs, das Evangelium vom Reich Gottes, aller Welt verkündigt ist. Von der himmlischen Gottesstadt geht aus, dem gekreuzigten Christus nachgestaltet, der Strom des Lebens und ergießt sich auf die neue Erde, wo die Menschen, welche dort wohnen, das Wasser des Lebens schöpfen. An seinen Ufern wachsen die immer Frucht tragenden Bäume, deren Früchte den Menschen zur Nahrung dienen: ein Sinnbild des neu geschaffenen und den Menschen geschenkten Paradieses der Ewigkeit. Der Künstler will uns damit vor Augen stellen die Königsherrschaft Jesu Christi im Reich Gottes als das Ziel unseres Lebens, zu dem wir durch Christus berufen sind.«

Das Schwert hinter dem Haupt Christi weist nach Mitteilung des Künstlers Adolf Valentin Saile auf Offenbarung Johannes 19,15 hin: *»Und aus seinem Munde ging ein scharfes Schwert, dass er damit die Heiden schlüge.«*

Chorfenster von 1958.

Glockenstuhl in der Glockenstube.

Die Glocken

In der *Glockenstube* der evangelischen Pfarrkirche von Sersheim steht ein *Glockenstuhl* mit drei frei schwingenden Glocken. In der Mitte hängt die große Gebetsglocke. Links von ihr hängt die mittlere Kreuzglocke. Ganz rechts hängt die kleine Taufglocke. Die drei Glocken sind in den Anfangstönen (E, G, A) des Te Deum (Herr Gott, dich loben wir) gestimmt.

Zu jeder Viertelstunde und zu jeder vollen Stunde ertönt vom Kirchturm der Stundenschlag: Den zweischlägigen Viertelstundenschlag machen die Taufglocke und die Kreuzglocke. Der Stundenschlag kommt ebenfalls von der Kreuzglocke. Der Stundennachschlag wird von der großen Gebetsglocke geschlagen. Dabei wird die Glocke nicht geläutet, sie schwingt also nicht. Es fällt lediglich ein kleiner Schlaghammer aus Metall auf den unteren Rand der stillstehenden Glocke. Dieser Hammer wird von einem Elektromotor angetrieben. Der Elektromotor ist im nebenstehenden Bild rechts unten vor der Glocke zu erkennen.

Alle drei Glocken läuten zusammen die Sonn- und Feiertage ein (Vollgeläut). Beim Läuten werden die Glocken in Schwingungen versetzt. Ein Elektromotor treibt ein Seil an, das die Pendelschwingungen auf das Seilrad überträgt. An diesem ist das Joch befestigt, der Holzbalken, an dem die Glocke aufgehängt ist. In der Mitte der Glocke ist der Klöppel mit einer Lederschlaufe aufgehängt. Der Klöppel besteht aus dem Blatt, dem Schaft, dem Ballen (Kugel) und dem Vorhang (Schwungzapfen). Er beginnt langsam zu schwingen und schlägt dabei auf den unteren Rand der Glocke (Schlagring). Daher vergeht einige Zeit, bis nach dem Einschalten der Klöppel zum ersten Mal den Schlagring berührt und das Geläut erklingt. Dieser Glockenruf will die Gemeinde auf den Gottesdienst vorbereiten und er legt uns die Bitte um Gottes Segen für Prediger und Zuhörer ans Herz.

Die Gebetsglocke

Die erste Glocke ist die Gebetsglocke (Tonlage E). Sie hängt im Glockenstuhl in der Mitte. Aufgrund ihrer Größe zu den anderen beiden Glocken wird sie auch als die große Glocke bezeichnet. Wann diese Glocke zum ersten Mal in Sersheim geläutet hat, ist nicht mehr bekannt. Bei der Abgabe von Kirchenglocken im ersten Weltkrieg war das Alter und der Wert der Bronzeklangkörper ausschlaggebend. Daher wurde bei neueren Glocken stärker zugegriffen. Es liegt nahe, dass diese Glocke weitaus älter sein musste, als die damalige zweite Glocke (Kreuzglocke), die nach 266 Dienstjahren abgegeben werden musste.

An der alten großen Glocke wurde **1799** von Glockengießerei Neubert aus Ludwigsburg ein Sprung festgestellt, der sie unbrauchbar machte. Die Sanierung und Restaurierung der Glocke sowie das Schweißen von Rissen im Glockenkörper ist aufwändig und kompliziert. Es wurde daher beschlossen, die 18 Zentner (900 kg) schwere Glocke neu gießen zu lassen. Dabei wird die alte Glocke eingeschmolzen und aus dem Material eine neue Glocke gegossen. Die alte kaputte Glocke wurde im Jahr **1814** abgebaut und von der ehemaligen Ludwigsburger Glockengießerei Neubert neu gegossen. Sie war größer und wog 19 Zentner (950 kg). Ihr Durchmesser beträgt 115 cm, ihre Höhe etwa 97 cm. Die Glocke hat beide Weltkriege überstanden und leistet noch heute ihren Dienst.

Auf ihr befindet sich eine oft für Glocken verwendete Aufschrift:

> »O Land, Land, Land, höre des Herrn Wort«

Ihre Hauptaufgabe ist das Vater-Unser-Läuten während des Gottesdienstes. Die Gebetsglocke läutet außerdem um 17.00 Uhr und um 19.00 Uhr zum Abendgebet und will die Familie zur abendlichen Andacht versammeln. Des Weiteren ist die Gebetsglocke die Glocke, die beim Stundenschlag als Stundennachschlag angeschlagen wird.

Gebetsglocke (hängt in der Mitte des Glockenstuhls).

Die Kreuzglocke

Die zweite Glocke ist die Kreuzglocke (Tonlage G). Sie hängt im Glockenstuhl auf der linken Seite. Aufgrund ihrer Größe zu den anderen beiden Glocken wird sie auch als die mittlere Glocke bezeichnet. Im Jahre **1651** wird zum ersten Mal von einer zweiten Glocke berichtet. Sie musste jedoch nach über 266 Dienstjahren im Jahr 1917 im ersten Weltkrieg abgegeben werden und wurde nach dem Krieg ersetzt. Im zweiten Weltkrieg musste sie erneut abgegeben werden und wurde erst **1950** im Rahmen einer feierlichen Glockenweihe wieder ersetzt. Ihr Durchmesser beträgt 102 cm, ihre Höhe etwa 82 cm.

Die Kreuzglocke trägt ein Bild eines lobsingenden Engels mit der Inschrift:

>*»Ehre sei Gott in der Höhe«*

Wie der Name Kreuzglocke sagt, läutet sie zu den Stunden, die nach der biblischen Überlieferung mit dem Sterben Jesu am Kreuz verbunden sind: Um 11.00 Uhr, der Stunde der einbrechenden Finsternis: *Um zwölf Uhr mittags brach über das ganze Land eine Finsternis herein, die bis drei Uhr nachmittags dauerte.* (Matthäus 27,45). Da das Läuten um 12 Uhr dem Mittagsläuten vorbehalten war, wurde es auf 11 Uhr vorverlegt. Um 15.00 Uhr, der Todesstunde Jesu läutet sie erneut: *Gegen drei Uhr schrie Jesus laut: »Eli, Eli, lema sabachtani?« [Mein Gott, mein Gott, warum hast du mich verlassen?]* (Matthäus 27,46).

Eine halbe Stunde vor dem Gottesdienst übernimmt sie die Aufgabe der Zeichenglocke und erinnert an die Bitte der Kirche: Komm, heiliger Geist. Die Kreuzglocke wird auch als Schiedglocke geläutet, wenn ein Gemeindeglied verstorben ist (läutet dann um 12.00 Uhr). Sie ruft dann zur Fürbitte für den Toten und seine Angehörigen und mahnt uns, an die eigene Sterbestunde zu denken. Des Weiteren ist die Kreuzglocke die Glocke, die beim Viertelstundenschlag als zweites angeschlagen wird. Sie übernimmt auch das Schlagen des Stundenschlages.

Kreuzglocke (hängt links im Glockenstuhl).

Die Taufglocke

Die dritte Glocke ist die Taufglocke (Tonlage A). Sie hängt im Glockenstuhl ganz rechts. Aufgrund ihrer Größe zu den anderen beiden Glocken wird sie auch als die kleine Glocke bezeichnet. Sie kam im Jahre **1927** hinzu. Wie die Kreuzglocke musste auch sie im zweiten Weltkrieg abgegeben werden. Sie wurde erst im Jahre **1953** wieder ersetzt. Ihr Durchmesser beträgt 91 cm, ihre Höhe etwa 72 cm.

Als Ornament schmückt sie das Bild des gekreuzigten Christus mit der Inschrift:

»Friede auf Erden«

Die Taufglocke läutet, während im Gottesdienst ein Täufling getauft wird und ruft damit die zu Hause gebliebenen Gemeindeglieder zur Fürbitte für den Täufling auf. Des Weiteren ist die Taufglocke die Glocke, die beim Viertelstundenschlag als erstes angeschlagen wird.

Taufglocke (hängt rechts im Glockenstuhl).

Orgel auf der Westempore.

Die Orgel

Die Orgel auf der Südseite der Westempore wurde nach der großen Innenrenovierung 1958 im Jahr **1960** aufgestellt (siehe Seite 54). Hergestellt wurde sie von dem Ludwigsburger Orgelbauer E. F. Walcker & Cie mit der Werknummer *Opus 3897*.

Eberhard Friedrich Walcker (1794-1872) gilt als der bedeutendste deutsche Orgelbauer des 19. Jahrhunderts und war der Sohn des Orgelbauers Johann Eberhard Walcker (1756-1843). Im Jahr 1821 gründete er in Ludwigsburg seine eigene Werkstatt, die ab 1854 unter dem Namen E. F. Walcker & Cie Orgeln baute und in alle Welt verkaufte. Der Stammsitz der Firma war bis 1974 in Ludwigsburg, wechselte dann über Murrhardt nach Bliesransbach (Saarland). 1957 wurde eine Zweigniederlassung in Wien gegründet, die aber 1961 nach Guntramsdorf (Österreich) übersiedelte. Nach der Insolvenz 1999 wird die Stammfirma von Gerhard Walcker-Mayer und die Zweigniederlassung von Michael Walcker-Mayer als gesellschaftsrechtlich selbstständige Firmen geführt, die noch heute Walcker-Orgeln fertigen.

Die Orgel ist ein Tasten-Musikinstrument, ähnlich einem Klavier. Jedoch wird hier der Ton nicht durch Hämmerchen erzeugt, die gegen Saiten geschlagen werden, sondern durch Pfeifen aus Zinn-Blei-Legierungen, durch die der Orgelwind (Luftstrom) geblasen wird. Die Pfeifen werden über eine oder mehrere Klaviaturen (Manuale) mit den Händen und gegebenenfalls über das Pedal mit den Füßen angesteuert.

Die Sersheimer Orgel ist eine eher kleine Orgel: sie besitzt 13 Register, 947 Pfeifen und zwei Manuale. Zum Vergleich: Die derzeit größte Orgel der Welt ist die Orgel der Atlantic City Convention Hall in Atlantic City (New Jersey, USA) mit 314 Registern, 33.114 Pfeifen und sieben Manuale. Diese Theaterorgel kann einen 420.000 m^3 großen Raum beschallen (die Johanneskirche kommt auf ca. 1.330 m^3).

Das Pfeifenwerk der Orgel besteht aus mehreren Pfeifenreihen, in denen jeweils Orgelpfeifen gleicher Bauart und Klangfarbe stehen. Eine solche Pfeifenreihe wird zu einem Register zusammengefasst. Die Bedienung der Register erfolgt vom Spieltisch über Registerzüge, die man zum Einschalten herausziehen und zum Abschalten wieder hineinschieben muss. Daher stammt auch die alte Bezeichnung »Register ziehen«.

Die zugeführte komprimierte Luft (Orgelwind) wurde früher durch große Blasebälge erzeugt, die mit den Füßen getreten wurden. Je nach Orgelgröße benötigte man hierzu mehrere Balgtreter (Kalkanten). Die Sersheimer Orgel besitzt einen elektrischen Winderzeuger, der sich unterhalb der Empore befindet. Der Zugang liegt hinter einer verschlossenen Luke neben dem Treppenaufgang zur Empore. Er besteht aus einem Magazinbalg, der den Winddruck reguliert und stabilisiert. Der von dem Gebläse erzeugte Wind wird von diesem Balg aus durch hölzerne Windkanäle in die Windlade geleitet.

Die Windlade ist das Kernstück der Orgel, denn in ihr finden die Schaltvorgänge statt. Wird am Spieltisch eine Taste niedergedrückt, so wird dies über die Traktur an die zugeordneten Tonventile der Windlade übertragen. Abhängig von den aktivierten Registern strömt der Orgelwind in die entsprechenden Pfeifen und erzeugt den Ton.

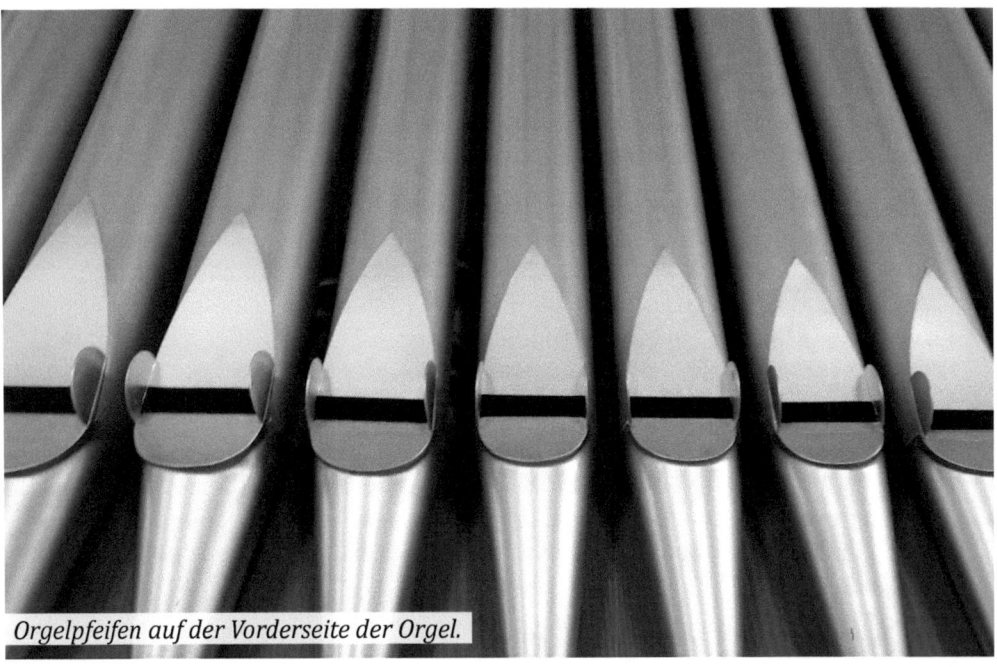
Orgelpfeifen auf der Vorderseite der Orgel.

Das Innere der Orgel mit dem Pfeifenwerk.

Manuale und Registerzüge (links und rechts) der Orgel.

Eindrucksvolle Grabmale auf der Südwand im Chorraum.

Die Grabmale der Kirche

Im Chor und im Kirchenschiff der Sersheimer Pfarrkirche befinden sich besonders eindrucksvolle Grabdenkmale (Epitaphe) sowie mehrere Wappensteine. Sie standen ursprünglich auf dem ehemaligen Kirchhof (Friedhof) auf der Nordseite der Kirche innerhalb der Mauer. Bei der Auflösung des Friedhofes im Jahre 1587 wurden die Grabmale der bedeutendsten Verstorbenen im Laufe der Zeit in das Innere des Kirchenschiffes eingemauert.

Bestattungen in der Kirche

Die Personen, deren Grabmale nachträglich in das Innere der Kirche gesetzt wurden, sind nicht in der Kirche bestattet worden, sondern auf dem Kirchhof auf der Nordseite der Kirche. In der Kirche selbst sind folgende vier Personen bestattet:

- **Johann Günther von Kromhar** (1650-1707) wurde im Chor der Kirche zwischen Sakristeitür und Altar beigesetzt
- **Beatæ Louisæ von Selchow** (1665-1715) wurde auf ihren Wunsch unter der Sakristei in der Gruft beigesetzt
- **Magdalena Louisa von Spindler**, 6 Jahre alt, gestorben am 25. Juli 1709, wurde beim ehemaligen Auftritt zur Orgel im Chorraum beigesetzt
- **Johann Gottfried Ellenberger**, brandenburgischer Soldat, gestorben am 12. Januar 1675 im Winterquartier zu Sersheim, wurde neben Herrn Schnäbeles Stuhl beigesetzt

Die Wappensteine von Johan Bernhart und Anna Schmid

Die beiden auf der rechten Seite an der Ostwand des Chores aufgehängten Wappensteine zeigen die Wappen von Johan Bernhart und Anna Schmid.

Das Wappen von Johan Bernhart Schmid zeigt einen zweigeteilten Wappenschild. Die obere Hälfte ist blau (steht für Standhaftigkeit, Stärke, Wahrheit und Treue), die untere Hälfte ist rot gefärbt (steht für militärische Stärke und Großmut). In der oberen blauen Hälfte ist eine goldfarbene stilisierte Form der Lilie abgebildet. Sie stellt das florale Emblem von Frankreich dar und ist bekannt als die Blume des Lichts, sie kann aber auch den sechsten Sohn darstellen. In der unteren roten Hälfte sind Schlägel und Eisen abgebildet (sie bekunden eine enge Beziehung zum Bergbau). Die bei adligen und vornehmen Familien oft übliche Helmzier ist ein gekrönter Löwe (steht für unsterblichen Mut eines tapferen Kriegers). In seinen Pranken hält er eine Lilie und einen Hammer. Auf der Umschrift steht *I.B.S.HA.Pf.Z.V. = Johan Bernhart Schmid, Herrenalberischer Pfleger zu Vaihingen*. Nach ihm wurde später die Bernhard-Schmid-Straße in Sersheim benannt.

Wappenstein von Johan Bernhart Schmid

Das Wappen von Anna Schmid zeigt einen schwarzen Wappenschild (schwarz steht für Trauer und Beständigkeit). Auf dem Wappen ist ein weißer Hase abgebildet (der Hase steht für jemand, der ein friedliches und zurückgezogenes Leben genießt; weiß für Sauberkeit, Weisheit, Unschuld, Keuschheit, Freude, Frieden und Aufrichtigkeit). Die Helmzier ist ein wachsender (teilweise dargestellter) Hase. Auf der Umschrift steht: *A.S.G.M 1629 = Anna Schmid geb. Machtolf 1629*. Das Datum mag auf ein festliches Ereignis oder auf eine Stiftung in diesem Jahr hinweisen.

Wappenstein von Anna Schmid

Die Wappen des Herzogs von Württemberg und des Markgrafen von Brandenburg

An der südlichen Chorwand befinden sich noch zwei Wappen, die rechts und links vom Fenster zu sehen sind. Es sind die Wappen des Markgrafens von Brandenburg (auf der linken Seite des Fensters) und des Herzogs von Württemberg (auf der rechten Seite des Fensters). Vielleicht weisen sie auf Herzog Christoph von Württemberg (1515-1568) und seine Frau Anna Maria von Brandenburg-Ansbach (1526-1589) hin.

Wappen des Markgrafen von Brandenburg

Wappen des Herzogs von Württemberg

In diesem Zusammenhang fällt ein Eintrag im Taufbuch aus dem Jahr 1567 auf:

»Hannß Backh der Mäurer mit seiner Haußfrau Margarethe haben erzeugt Christoph ehelich unnd zum Tauff kommen Dominica 6. post Trinitatis, das ist der 6. July dessen Tauffkinds gevatter [Pate] geweßen der durchleuchtig hochgeborn Fürst und Herr Hertzog zu Württemperg und Tegkh Grauv zu Mumpelgartt. Auß dero fürstlich gnaden bevelch Andreas Schmid Schultheiß zu Serrißheim verweßer geweßen.«

Das Grabmal von Johann Günther von Kromhar

Ganz links an der Südwand des Chores steht das Grabmal des Obrist-Lieutenants und Oberamtsmanns in Merklingen Johann Günther von Kromhar [Krumhaar] (1650-1707). Es war lange Zeit außen an der Nordseite der Kirche angebracht und ist daher schon stark verwittert und kaum noch lesbar. Der Grabstein trägt in der oberen Hälfte ein Wappen. Es zeigt zwei sich zugekehrte Schwäne. Der Schwan ist der Fähnrich von Dichtern und Musikern und symbolisiert Vollkommenheit, Schönheit und Anmut. Er steht auch für Licht, Liebe, Gnade, Aufrichtigkeit und Perfektion. Über dem Wappen ist eine Adelskrone mit der Inschrift *J.G.K.O.L. = Johann Günther Kromhar Obrist-Lieutenant*. Unterhalb des Wappens befinden sich Kriegsembleme, wie Lanzen, eine Kanone und Speere. In der unteren Hälfte des Grabmals befindet sich eine Inschrift, die von einem Lorbeerkranz umgeben ist:

> »Epithaphium des hochwohledelgeborenen Herrn, Herrn Joh. Gunth. v. Kromhar, hochfürstl. Durchleucht, in Wurtemberg wohlbestaehlt gewesenen Obr.Lieut. unnd Oberambtmanns zu Mercklingen ... welcher den XVII IXbr anno MDCCVII [1707] sanft und seelig in Christo allhie zu Sersheim gestorben seines Alters LVII [57] Jahr und IV [4] Monat ... zu unausloeschlichem Denkmal aufgericht von dessen hinterbliebener Fr. Wittib, Fr. Beata Louysa v. Spindler.«

Johann Günther von Kromhar wurde im Mai 1650 geboren als Sohn des Daniel Friedrich Kromhar, kurfürstlicher Brandenburgischer Amt- und Stadtrichter zu Gröningen und Kocherstädt im Fürstentum Halberstadt. Er wurde im Jahre 1688 wegen der Franzoseneinfälle zurückberufen und zum Kommandanten von Schorndorf ernannt und behauptete die Festung erfolgreich gegen den Franzosen Ezéchiel de Mélac, wobei ihn die berühmten Weiber von Schorndorf (siehe Seite 110) tatkräftig unterstützten.

Er kaufte 1704 das Untere Schlössle in Sersheim und starb dort drei Jahre später. 1707 wurde er im Chor der Kirche zwischen Sakristeitür und Altar beigesetzt. Nach ihm wurde später die Krummhaarstraße in Sersheim benannt.

Grabmal von Johann Günther von Kromhar (1650-1707).

Das Grabmal von Johann Friderich Mayer

In der Mitte der südlichen Chorwand steht ein schönes und gut erhaltenes Renaissancedenkmal. Es trägt die Inschrift:

> »Das ist das Gedächtnuß Eines in der nähe und Ferne geliebten, durch viele wunderwege, Zu Wasser und Land Und in denen entferntesten Gegenden, wohlgeführten, überall rechtschaffen und letztens unter einer grossen Trübsaal, bewährt erfundenen Manes, Des weyl. Hochedlen u. Hochehrbarnen Herrn Johann Friderich Mayers, der zu Aurach vayhinger amts 1672 das Licht dieser welt erblickte, In seiner Jugend die Apotheker-Kunst Zu Tübingen wol lernte, In seinem mittleren alter ein entferntes Indien 18 Jahr umsegeelte. Sich zu Ambojna auf einer der Moluccischen Insuln, mit einer aus vornehmer Familie von Cojet und wiederum dahier zu Serßheim mit Fr. Anna Maria Naglin wol verheürathete; In seinem Hohen Alter in der Stille lebte endlich alt und Lebenssatt D 13. Nov. 1744 in dem 72 Jahre seines alters entschlieffe. Und aus der letzten Ehe eine einige Tochter Anna Maria Dorothea hinterliesse. Nun ruhe Er in dem Frieden. Der Aufferstehungs Tag wird bald erscheinen. Leich-Text: Micha 7, 7 8 9.«

Unter der Inschrift ist ein Segelschiff in den stürmischen Wogen des Meeres abgebildet. Darunter steht:

> »Mein Schifflein sinkt, soll ich versinken?
> Mein Mut zerbricht, soll ich ertrinken?
> ach nein, ach nein, hier ist die Bahn,
> da man die Gutfurth finden kann.«

Der Apotheker Johann Friderich Mayer (1672-1744) stand im Dienst der Ostindischen Handelskompanie. 1722 kaufte er durch den Pfarrer Albrecht Kyris das *Widdumgut* in Sersheim (Gebäude der ehemaligen Gaststätte Adler in der Großsachsenheimer Straße) und setzte sich einige Jahre später hier zur Ruhe. Er heiratete 1731 in zweiter Ehe Frau Anna Maria verwitwete Nagel. Der Eintrag im Ehebuch der evangelischen Kirchengemeinde lautet:

> »Am 30. Juni 1731 H. Johann Friderich Mayer Wr. seiner Profession ein Apotheker und der Ostindianischen Handels-Compagnie Bestellter Buchhalter auf dem Meer jetztmahliger Inhaber hiesiger Widdums-Mayerei copuliert mit Anna Maria, Hannß Jörg Nagels geweßenen Bürger allhier nachgelaßener Wittib.«

Grabmal von Johann Friderich Mayer (1672-1744).

Das Grabmal von Anna Magdalena Schmid

Rechts an der Südwand des Chores steht das noch in den ursprünglichen Farben erhaltene Grabmal der Anna Magdalena Schmid (1610-1624). Das Mädchen hat in ihren langen, blonden Haaren einen Blütenkranz. Sie trägt ein schwarzes Gewand mit weißer Halskrause und kniet mit zum Gebet gefalteten Händen. Über ihr sind die Wappen ihrer Eltern: auf der linken Seite *Johan Bernhart Schmid G. Verwalter Maulbronner Ambts* und auf der rechten Seite *Anna Schmiddin geborene Wachtolffin*. Die Umschrift auf dem Stein lautet:

> »Den IX. Oktobris anno 1624 starb die tugendsame Jungfrau Anna Magdalena Schmid ihres Alters im XIV [14] Jahr. Gott gnade ihr.«

An beiden Seiten des Mädchens steht:

> »Ich bin zu leiden gemacht, aber der Herr richtet auf die Elenden und wird mich ewig erfreuen. Psalm 38, 18 (13), 147 (6).«

Unten auf dem Grabmal steht

> »weinen war meine erste stim, mit weinen war ich geborn, mit weinen tregt man mich dahin, den wirmern ausekoren«

Das Grabmal wird gekrönt von einem gekreuzigten Christus. Er erinnert in seinem Ausdruck und seiner Haltung sehr stark an das Altarkreuz, das vermutlich aus der gleichen Zeit stammt.

Grabmal von Anna Magdalena Schmid (1610-1624).

Das Grabmal von Beatæ Louisæ von Selchow

Die Witwe von Johann Günther von Kromhar, Beatæ Louisæ (1665-1715), heiratete am 20. November 1708 Daniel von Selchow aus Brandenburg, Capitain unter dem Raischach'schen Regiment. Das Grabmal ist in die Südwand des Kirchenschiffs, links von der Eingangstüre, eingemauert. Im Aufsatz des Grabsteins sind die Wappen der von Selchow und Spindler. Der Text lautet:

> »Pflicht- und leidwillige Gedæchtnus bey Zu Geschwind Eilendem, Doch der Seeligkeit Zu pfeilendem, Abschied Der weyl. Hoch-Wol-Gebohrnen Frau, Fr. Beatæ Louisæ v. Selchow Gebohrn V. Spindler. Ihres Alters L [50] Jahr VII [7] Wochen dero Leichnam d. II Jul MDCCXV [2. Juli 1715] hierher in die Grufft gebracht. Zu Bezeugung Ihrer Ehe U. Kindl. Liebe in diesem unauslöschl. Grund von dero Hinterbliebenen, Gelegt dem Hoch-Wol-Gebohrnen Herrn, Herrn Daniel V. Selchow des lobl. schwæb. Crais. Wol bestallt. HauptM. der auch Hohl Wol Gebohrnen Fr. Frau Cath. Louisa v. Sukow gebohrn von Kromhar und Herrn Carl Louis v. Kromhar.«

Unten auf dem Sockel steht:

> »Leich Text Psalm LXXIII [73] V 25, 26: Herr wann ich nur Dich hab, so frage ich nichts nach Himel und Erden und wann mir gleich Leib und Seel verschmacht so bist du doch Allezeit meines Hertzens Trost und mein Theil.«

Die lateinische Umschrift lautet: »*Omnia si perdas, JESUM servare memento Amisso JESU postea nullus eris.*« (Wenn du alles verlierst, suche JESUS zu behalten. Wenn du JESUS verloren hast, bist du hernach ein Nichts.).

Beatæ Louisæ von Selchow wurde auf ihren Wunsch unter der Sakristei in der Gruft beigesetzt. Ihr 2. Ehemann, Hauptmann Daniel von Selchow, stiftete zu ihrem Gedächtnis eine silberne Hostiendose, die heute noch vorhanden ist. Sie trägt die Aufschrift »*Diese Hostien Schachtel Stiftet Gott Zu Ehren Ihro Gnaden Herr Von Selchow Hauptmann, Sersheim 1. Janu: 1716.*«.

Hostiendose von Daniel von Selchow.

Grabmal von Beatæ Louisæ Selchow (1665-1715).

Das Grabmal von Magdalena Elisabetha Kyris und ihrer Tochter Susanna Magdalena

Dem Grabmal steht gegenüber an der Südwand der Kirche das Grabmal der Pfarrfrau Magdalena Elisabetha Kyris (1667-1710) und ihrer Tochter Susanna Magdalena Kyris (1700-1710). Es befindet sich neben dem mittleren Eingangsportal direkt unter der Orgel.

Die Übersetzung der lateinischen Inschrift lautet:

> »Die Asche der vortrefflichen und im Glanze aller Tugenden strahlenden Magdalena Elisabetha Kyris, seiner seligen Gattin, Tochter des untadeligen und angesehenen Vaters, Herrn Johann Carl Tanner, markgräflich-durlachischen Burgvogts in Badenweiler und der Mutter Susanna Barbara aus dem Geschlecht der Fügner, sie starb 1710 im Alter von 43 Jahren, sowie des einzigen Töchterleins Susanna Magdalena Kyris, es folgte dem Schicksal der Mutter zwei Monate später im Alter von 10 Jahren, sammelte in diese Urne der tiefbetrübte Gatte und zugleich Vater, Magister Albert Kyris, Pfarrer in Sersheim, welcher im Jahr 1738 starb, 73 Jahre alt.«

Vermutlich hat Pfarrer Albrecht Kyris das Grabmal noch zu seinen Lebzeiten errichten lassen mit dem Wunsch, nach seinem Tode als letzter darauf eingetragen zu werden.

Über dem Grabmal befindet sich ebenfalls das Wappen der Familie Tanner: Ein Baum auf einem Dreiberg, rechts und links ein Kleeblatt mit gleicher Helmzier.

Grabmal von Magdalena Elisabetha Kyris (1667-1710) und Susanna Magdalena Kyris (1700-1710).

Das Grabmal von Susanna Barbara Tanner und Maria Charlotte Kyris

Nach dem Tode ihres Mannes vermählte sich die Witwe Catharina Louisa von Sukow mit dem ebenfalls verwitweten Pfarrer Albrecht Kyris (von 1701-1738 Pfarrer in Sersheim). Er war in erster Ehe mit Magdalena Elisabetha geborene Tanner verheiratet. An der Nordwand des Kirchenschiffs, unter dem Beginn der Empore, ist das Grabmal seiner Schwiegermutter Susanna Barbara Tanner (1646-1704), geborene Fügner und ihrer Tochter Maria Charlotte Kyris (1704) eingemauert. Der Text ist lateinisch und wahrscheinlich vom Pfarrer selbst verfasst worden.

Die Übersetzung nach Herrn Apotheker i.R. Markus Otto lautet:

»Dem frommen Gedächtnis an die Großmutter und an die von ihrer Tochter stammende Enkelin. Tod und Liebe vereinte sie, die nach Ablegen ihrer sterblichen Hülle in der Ewigkeit glücklich leben werden. Sie starben um zu leben. Susanna Barbara ist als Tochter der guten und frommen Eltern Fügner in der Markgrafenschaft Durlach geboren anno 1646 im Monat März. Nachdem ihr Gemahl Johann Carl Tanner, Burgvogt des badischen Markgrafen, schon 10 Jahre zuvor verstorben war, schied sie mit größter Freude aus diesem Jammertal am 30. August anno 1704 in ihrem 58. Lebensjahr und Maria Charlotte Kyris, im selben Jahr und zur selben Zeit innerhalb weniger Wochen geboren und gestorben. Es setzten für die Nachkommen dieses Denkmal diejenigen, welche die teure Mutter und das Töchterlein überlebten: die Trauernden: Sohn und Tochter, zugleich Mutter und der Schwiegersohn, zugleich Vater.«

Über dem Grabmal befindet sich das Wappen der Familie Tanner: Ein Baum auf einem Dreiberg, rechts und links ein Kleeblatt mit gleicher Helmzier.

Grabmal von Susanna Barbara Tanner (1646-1704) und Maria Charlotte Kyris (1704).

Das Grabmal von Agnes Mariae Mayerin

Die Mutter des Apothekers Johann Friderich Mayer, Frau Agnes Mariae Mayerin (1637-1697), lebte nach dem Tode ihres Mannes zusammen mit ihrer Tochter Maria Elisabetha in Sersheim. Agnes Mariae starb in Sersheim 1697. Der aus Indien zurückgekehrte Sohn Johann Friderich setzte ihr ein Denkmal, welches heute außen an der Westseite der Kirche links vom Eingangsportal eingemauert ist. Es trägt die (leider heute nicht mehr lesbare) Inschrift:

> »Der Gott liebenden und Gott geliebten Frawen Agnes Mariae Mayerin geborenen Härlinin des Herrn M. Theodor Mayers getreu gewesenen Pfarrers zu Urach bei Vayhingen mit dem sie in XXIII [23] jähriger vergnüglicher Ehe X [10] Kinder erzeuget hinterlassener Wittib so im Jahr MDCXXXVII [1637] zu Göppingen die Tage ihrer Walfahrt angefangen und im Jahr MDCXCVII [1697] zu Sersheim selbige Seelig geschloßen setzet ein bleibendes Denkmal der mütterlichen Treu in diesem Marmor noch mehr aber in seinem Herzen ihr nach XXII [22] jähriger Rais aus dem äußersten Indien in sein Vaterland glücklich zurückgekehrter Sohn Johann Friderich Mayer.«

Der Aufsatz des Grabmals ist abgebrochen und befindet sich an der Südwand im Chor der Kirche über dem Grabmal von Anna Magdalena Schmid.

Abgebrochener Aufsatz im Chorraum der Kirche.

Grabmal von Agnes Mariae Mayerin (1637-1697).

Kanzel.

Die Kirchherren der Pfarrkirche von Sersheim

Die Pfarrkirche von Sersheim hatte seit ihrem Bestehen bis zur Reformation im Jahre 1534 folgende Kirchherren:

1287	Heinrich
1289	Heinrich
1339	Johannes
1396	Albert
1423	Thomas
1441	Walter Salw
1477	Leonhard Waibel
1522	Hans Müller

Die Pfarrer der evangelischen Kirchengemeinde Sersheim

Die evangelische Kirchengemeinde Sersheim hatte seit der Reformation im Jahre 1534 folgende Pfarrer:

1534 bis 1554	Nikolaus Horn aus Stuttgart
1554 bis 1558	Magister Burkhardt Rehlin
1558 bis 1585	Michael Haas aus Herrenberg
1585 bis 1598	Magister Johannes Haas aus Sersheim
1598 bis 1607	Magister Balthasar Greiner aus Zell
1608	Magister Johannes Ulricus Wolfhardt aus Nürtingen (*Vicarius*)
1608 bis 1623	Magister Joh. Henricus Scheffler
1623 bis 1635	Magister Johann Valentin Dinckelacker aus Urach (gestorben 1635 in Vaihingen/Enz an der Pest)
1640 bis 1646	Magister Christoph Scheytt, Pfarrer zu Horrheim
1646 bis 1679	David Hafenreffer aus Stuttgart
1664	Magister phil. Christoph Vischer (Vicarius)
1678	Magister Joh. Jakob Seeger (Vicarius)
1678 bis 1679	Magister Joh. Georg Schellenbaur (Vicarius)
1679	Magister Conradt Waltz (Vicarius)
1679 bis 1693	Magister Johannes Kaiser aus Sersheim
1693 bis 1701	Magister Johann Jakob Kercher aus Tannenbronn
1701 bis 1738	Magister Albrecht Kyris (gestorben 1738 in Sersheim)

1738 bis 1741	Magister Georg Jakob Gegel (gestorben 1741 in Sersheim)
1741 bis 1742	Magister Benedikt Adam Hochstetter (Vicarius)
1742-1744	Magister Christoph Teoph. Schmid aus Stuttgart
1744 bis 1760	Magister Joh. Teoph. Seeger aus Löchgau
1760 bis 1766	Magister Eberhardt Friedrich Seeger aus Tübingen (gestorben 1766 in Sersheim)
1767	Magister Johann Friderich Gmelin (Vicarius)
1767 bis 1803	Magister Christian Valentin Harpprecht aus Calw (gestorben 1803 in Sersheim)
1796 bis 1799	Magister Hupf (Vicarius)
1803	Magister Helfferich (Vicarius)
1803 bis 1807	Magister Johann Christoph Metzger (gestorben 1807 in Sersheim)
1808 bis 1811	Johann Eberhardt Löcklin aus Weilheim/Teck (gestorben 1811 in Sersheim)
1811 bis 1821	Christ. Friedrich Raaser aus Kirchheim/Teck
1821 bis 1832	Friedrich Gottl. Schmid aus Esslingen
1832 bis 1857	Magister Ernst Wilhelm Huber
1857 bis 1875	Carl Jonathan Huzel aus Stuttgart
1875 bis 1884	Rudolf Magenau aus Ingelfingen
1884 bis 1897	Karl Eugen Schäffler
1897 bis 1925	Gotthold Christ. Amthor (gestorben 1925 in Sersheim)
1925 bis 1926	*Pfarrverweser* Wilhelm Häfner
1926 bis 1933	Heinrich Christian Renz
1934 bis 1950	Christian Gotthilf Schick
1950 bis 1965	Paul Adolf Pfleiderer aus Schorndorf
1965 bis 1971	Herbert Vinçon
1971 bis 1980	Hans Eberhard Dietrich
1982 bis 1984	Pfarrverweser Gerhard Pawlowsky
1984 bis 1992	Rainer Hermann Kiess
1992 bis heute	Johannes Martin Rau

Die Weiber von Schorndorf

Nachdem die Truppen des französischen Königs Ludwig XIV zu Beginn des Pfälzischen Krieges (1688-1697) die Festung Philippsburg eingenommen hatten, marschierten sie weiter nach Württemberg. Der Herzog konnte dem jedoch nicht viel entgegenbringen, da seine Truppen noch in Ungarn mit Kaiser Leopold I. gegen die Türken kämpften. Die Franzosen nutzten ihre militärische Überlegenheit und die Unterlegenheit Württembergs aus. Sie zogen zerstörend durchs Land, wobei meist die Androhung von Brandschatzung (Niederbrennen) genügte, um Städte einzunehmen. In der Hauptstadt Stuttgart wurde derweil mit den Franzosen über Forderungen verhandelt, um die Stadt zu schützen. Eine dieser Forderungen war die Herausgabe der mächtigen Festung Schorndorf, die vermutlich nicht mehr lange zu halten sei und an den französischen General übergeben werden sollte. Hierzu war am **13. Dezember 1688** der berüchtigte französische Brigadier Ezéchiel Comte de Mélac aufgetaucht, um die Übergabe der Stadt zu fordern.

In Schorndorf war aber niemand zur Übergabe bereit. Es wurden so Boten zu den umstehenden Befehlshabern der kaiserlichen Truppen geschickt, um Unterstützung zu fordern. Oberstleutnant **Johann Günther Kromhar** (1650-1707) war hier Festungskommandant geworden und entschlossen, mit seinen 200 Mann Garnisonstruppen die Festung zu verteidigen. Als schließlich die Abgesandten mit dem Kapitulationsbefehl aus Stuttgart auf dem Schorndorfer Rathaus eintrafen, stürmten die Frauen Schorndorfs unter der Führung von Barbara Walch, die Frau des Bürgermeisters (später wiederverheiratete Künkelin), mit den Worten „Tod den Verrätern" das Rathaus. Sie gaben nun in Schorndorf den Ton an und ließen die Stuttgarter Unterhändler drei Nächte und zwei Tage nicht aus dem Gebäude.

Als am 17. Dezember 1688 Mélac wieder aufmarschierte, wartete er jedoch vergebens auf die Übergabe Schorndorfs. Da ihm schwere Geschütze fehlten, musste er wieder abziehen, brannte jedoch noch einige Gebäude nieder. Schließlich trafen endlich die erhofften kaiserlichen Truppen ein und Mélac musste fliehen. Schorndorf war durch den Mut der Frauen gerettet.

Glossar

Nachfolgend finden Sie die ausführliche Erklärung einiger Wörter, die im Text verwendet wurden. Diese Wörter sind im Text *kursiv* geschrieben.

Benediktinerkloster Hirsau
: liegt bei Calw im Nordschwarzwald. Oft wird mit dem Kloster die Anlage St. Peter und Paul gemeint. Das Kloster war zeitweise eines der bedeutendsten Klöster und zum Zeitpunkt seiner Errichtung im späten 11. Jahrhundert war „St. Peter und Paul" sogar das baulich größte Kloster im deutschsprachigen Raum. Die Klosteranlage brannte 1692 während des Pfälzischen Erbfolgekriegs nieder und verfiel dann.

Benediktinerabtei Lorsch
: liegt im südhessischen Kreis Bergstraße. Das Kloster wurde 764 gegründet und war ein Macht-, Geistes- und Kulturzentrum. 1232 gehörte es zum Erzstift Mainz und wurde 1461 an die Kurpfalz verpfändet, die das Kloster 1564 aufhob.

Chor
: bezeichnet den Altarraum einer Kirche und ist oft nach Osten ausgerichtet, als Sinnbild der neuen Sonne bzw. der Auferstehung Christi. Ursprünglich war der Chor der Raum für die Sänger der Liturgie (Gottesdienstordnung).

Chorturmkirche
: eine Kirche, deren Kirchturm direkt über dem Chor errichtetet ist. Dieser Bautyp war in der Romanik (1000-1130) vor allem in ländlichen Gegenden in Mittel- und Süddeutschland verbreitet.

Empore
: eine erhöhte Galerie, die ermöglicht, dass zusätzliches Publikum den Gottesdienst von einer erhöhten Position aus mitverfolgen kann.

Feldkirche
eine meist kleine Kirche, die außerhalb einer Siedlung steht. Sie ist ein häufiges Ziel oder eine Station von Wallfahrten und Prozessionen. In vielen Feldkirchen wurde nicht gepredigt, was dazu führte, dass diese durch einen Befehl von Herzog Christoph von Württemberg 1555 abgerissen werden mussten.

Fleckenkirche
eine Kirche, die innerhalb einer Siedlung (schwäbisch: der Flecken) steht. Im Gegensatz zu vielen Feldkirchen wurde in ihnen regelmäßig gepredigt oder auch Tote begraben.

Flügelaltar
(auch Klappaltar) ist eine hauptsächlich in Mitteleuropa verbreitete Sonderform des Altaraufsatzes (Retabel), bei der der feststehende Schrein durch zwei, vier oder mehrere bewegliche Flügel geschlossen werden kann.

Grablege
regelmäßig durch Bestattungen aus demselben Personenkreis benutzte Grabstätten von sozial höher gestellten Personen. Meistens sind sie repräsentativ gestaltet und im Inneren von Kirchen zu finden, was eine besondere Exklusivität des Begräbnisses darstellte.

Glockenstube
Raum, in dem die Glocken hängen. Sie verfügt über Schallöffnungen meistens aus Holz, die die Glocken und die Läutemaschine vor der Witterung schützen und durch die der Glockenklang aus der Glockenstube austreten kann.

Glockenstuhl
ein in aufwändiger Zimmermannsarbeit gefertigtes Tragwerk für eine oder mehrere freischwingende Glocken. Die Glocke hängt dort auf zwei Stützen mit Halblagern. Sie ist dort an ihrer Krone (oberes Ende) mit Eisenbändern an einer hölzernen Tragachse (Glockenjoch) befestigt. Das Joch liegt mit seinen Enden auf den Stützlagern.

Heiliger Nazarius
ein römischer Soldat, der zum Christentum übertrat und in Gallien und Italien wirkte. Er starb 304 n. Chr. während der Christenverfolgung den Märtyrertod. Nazarius ist der Schutzpatron von Nazariuskirchen sowie des Klosters Lorsch.

Herzog Christoph von Württemberg
(* 12. Mai 1515; † 28. Dezember 1568) war in der Zeit 1550-1568 vierter Herzog von Württemberg. Seine Eltern waren Herzog Ulrich von Württemberg und Sabina von Bayern.

Herzog Friedrich Eugen von Württemberg
    (* 21. Januar 1732; † 23. Dezember 1797) war 1795-1797 der 14. Herzog von Württemberg. Er war der dritte Sohn von Herzog Karl Alexander von Württemberg und Maria Augusta von Thurn und Taxis. Sein älterer Bruder war Herzog Karl Eugen von Württemberg.

Herzog Karl Eugen von Württemberg
    (* 11. Februar 1728; † 24. Oktober 1793) war 1737-1793 der zwölfte Herzog von Württemberg. Er war der älteste Sohn des Herzogs Karl Alexander und seiner Frau Maria Augusta von Thurn und Taxis. Im Alter von 16 Jahren wurde er 1744 für mündig erklärt und trat die Regierung im Herzogtum Württemberg an.

Herzog Ludwig von Württemberg
    (* 1. Januar 1554; † 28. August 1593) war 1568-1593 der fünfte Herzog von Württemberg. Er war der einzige überlebende Sohn des Herzogs Christoph von Württemberg (1515-1568). Im Alter von 24 Jahren trat er 1578 die Regierung im Herzogtum Württemberg an.

Herzog Ulrich von Württemberg
    (* 8. Februar 1487; † 6. November 1550) war 1498-1519 und 1534-1550 Herzog von Württemberg und der erste protestantische Fürst in Württemberg. Er wurde unter dem Namen „Eitel Heinrich" als Sohn des Grafen Heinrich von Württemberg geboren, erst bei der Firmung erhielt er den Namen Ulrich.

Hube
    eine Form eines auf dem Gebiet des Klosters Lorsch liegenden Bauernhofes (Hubengut). Der Hof bestand meist aus Haus, Scheuer und Stallungen und die direkt umgebenden Äcker, Wiesen und Waldungen.

Johannisschüssel
    ikonografische Darstellung einer Schüssel, in der der abgeschlagene Kopf des Heiligen Johannes des Täufers mit dem Gesicht nach oben liegt.

Kanzel
    ein erhöhter Ort in einer Kirche, von welchem der Pfarrer die Predigt hält. Über der Kanzel befindet sich ein Schalldeckel (Kanzelhimmel), der dazu dient, die Worte des Pfarrers bei der Predigt gezielt in Richtung der Gläubigen zu reflektieren.

Kirchenkonvent
    ein kommunales Sittengericht in Württemberg zwischen 1642 und 1891 mit dem Ziel, die verkommenen Sitten wieder zu bessern. Er wurde vom Schultheiß als weltlichem und vom Pfarrer als geistlichem Oberhaupt der Gemeinde geleitet.

Kirchenschiff
den Teil einer Kirche, in dem die Gemeinde während des Gottesdienstes sitzt.

Kruzifix
(lateinisch cruci fixus „ans Kreuz geheftet") ist die künstlerische Darstellung des gekreuzigten Christus. Es trägt den Leib des Gekreuzigten in der Regel als plastische Darstellung. Das Kruzifix ist Sinnbild für das Opfer Christi, das er nach christlichem Glauben zur Erlösung der Menschheit vollbracht hat.

Lanzettfenster
stellt eine Sonderform eines Spitzbogenfensters dar. Es ist ein schlankes, meist hohes Fenster mit einem überhöhten Spitzbogen (Lanzettbogen) als Abschluss und gehört zur englischen Frühgotik (etwa 1175-1260). Oft wurde dieser Fenstertyp auch in Gruppen als Lanzett-Zwillingsfenster oder sogar als Lanzett-Drillingsfenster gebaut.

Maßwerk
die filigrane Arbeit von Steinmetze in Form von Gestaltungen an Fenstern aus geometrischen Mustern, die als komplett durchbrochene Steinprofile umgesetzt werden.

Melchisedek
eine Person aus dem 1. Buch Mose (Genesis 14,18-20) im Alten Testament. Dort wird er als König von Salem (Jerusalem) und Priester des Höchsten Gottes bezeichnet. Er ist der erste überhaupt in der Bibel erwähnte Priester und verwendet für seine Opfer nur Brot und Wein und kein Fleisch von Opfertieren, wie die späteren Priester des alten Testaments.

Nikolaus von Myra
(* zwischen 270 und 286; † 6. Dezember 326) ist einer der bekanntesten Heiligen. Sein Gedenktag (6. Dezember) wird in zahlreichen Kirchen begangen.

Nonnenkloster Rechentshofen
wurde im Jahr 1230 südöstlich von Hohenhaslach gegründet und gehörte zum Zisterzienserorden. Das Kloster war sehr klein (es umfasste etwa 20 Nonnen) und stand in enger Verbindung zum Kloster Maulbronn. 1267 wurde es auch formell in den Zisterzienserorden aufgenommen. Das Kloster wurde im Zuge der Reformation in Württemberg 1564 aufgelöst.

Pfarrverweser
Bezeichnung für einen Stellvertreter im Pfarramt. Meistens sind es angehende Pfarrer nach dem zweiten kirchlichen Examen und nach dem Vikariat.

Sakramentsnische
> eine in die Nordwand des Chorraums eingelassene und verschließbare Nische, die zur Aufbewahrung des eucharistischen Leibes Christi (Brot und Wein) diente. Sie sollte möglichst aufwändig gerahmt und künstlerisch ausgestaltet sein.

Sakristei
> ein Nebenraum, in dem alles aufbewahrt ist, was für den Gottesdienst benötigt wird (z. B. Paramente, Kelche, Hostienschalen und Kerzen). Sie dient auch als Vorbereitungs- und Umkleideraum. Betreut wird die Sakristei üblicherweise vom Mesner bzw. Mesnerin.

Sonnenuhr
> zeigt anhand des Standes der Sonne am Himmel die Tageszeit an. Als Zeiger dient der linienförmige Schatten eines Stabes (Polstab). Dieser Schatten bewegt sich während des Tages über das mit Tagesstunden skalierte Zifferblatt.

Vikar (Vicarius)
> Bezeichnung für einen angehenden Pfarrer nach dem ersten und vor dem zweiten kirchlichen Examen.

Weihekreuz
> ein aus gebogenen Linien gebildetes Kreuz, dass von einem Kreis umschlossen wird.

Widdumgut
> war über Jahrhunderte eines der größten und reichsten landwirtschaftlichen Anwesen in Sersheim. Ursprünglich gewährleistete der Widdumhof die wirtschaftliche Versorgung der Kirche und des Pfarrers. Zum Widdumhof gehörten 60 Morgen Ackerland, 11 Morgen Wiesen und 1 Morgen Baumgärten (1 Morgen waren etwa 2.500 Quadratmeter; die Fläche, die mit einem einscharigen Pferde- oder Ochsenpflug an einem Morgen pflügbar ist). Das Wohnhaus steht heute noch und beinhaltet die ehemalige Gaststätte Adler in der Großsachsenheimer Straße.

Zisterzienserabtei Maulbronn
> wurde im Jahr 1147 gegründet und wuchs zu einem wirtschaftlichen, gesellschaftlichen und politischen Zentrum in der Region. Im Zuge der Reformation wurde das Kloster 1534 aufgelöst. Die Klosteranlage ist heute noch komplett erhalten und gehört zum UNESCO-Weltkulturerbe.

f = Gulden (lateinisch: florenus aureus), eine Goldmünze (heute ca. 50 €)
Krz = Kreuzer (1 Gulden = 70 Kreuzer)
Schuh = alte Längeneinheit in Württemberg (28,649 cm)

Quellen

Anneliese Hildebrand
   Die evangelische Pfarrkirche von Sersheim
   März 1987

evangelisches Pfarramt Sersheim
   alte Aufschriebe, Aufzeichnungen und Fotos

Gemeinde Sersheim und Autoren
   Sersheim – Geschichte und Geschichten 792 - 1992
   ISBN: 3 522 30470 5; Verlag: Aldus Verlag, Stuttgart; 1992

HStA Stuttgart
   Signatur/Titel des Originals: A 515 U 54
   Signatur/Titel des Originals: A 515 U 82
   Signatur/Titel des Originals: A 489 U 708, A 489 K U 889
   Signatur/Titel des Originals: A 601 U 16
   Signatur/Titel des Originals: A 602 Nr. 14242 = WR 14242

Klaus Gereon Beuckers
   Die mittelalterlichen Wandmalereien zwischen Rhein, Neckar und Enz
   Reihe Heimatverein Kraichgau, Sonderveröffentlichung Nr. 35
   Verlag Regionalkultur

Wussten Sie, dass…

- … es 42 Bankreihen gibt, die ca. 450 Menschen Platz bieten?
- … es 72 Treppenstufen bis zur Glockenstube sind?
- … es 18 Treppenstufen bis zur Empore sind?
- … 93 Glühlampen in der Kirche für Licht sorgen?
- … an Heiligabend die Kirche nur von Kerzen beleuchtet wird?
- … in der Sakristei 100 Abendmahlskelche aus Zinn stehen?
- … die Mauern des Kirchturms 140 cm dick sind?
- … das alte Uhrwerk aus dem Jahr 1896 noch im Kirchturm erhalten ist?
- … die Glocken in den Tönen E, G, A gestimmt sind?
- … die älteste Glocke (Gebetsglocke) aus dem Jahr 1814 stammt? Die beiden anderen Glocken stammen aus dem Jahr 1950 (Kreuzglocke) und 1953 (Taufglocke).
- … die Orgel 13 Register, 947 Pfeifen und 2 Manuale hat?
- … das derzeitige Evangelische Gesangbuch (EG) 1996 erstmals erschienen ist? Es enthält 683 Lieder und löste das Evangelische Kirchengesangbuch (EKG) nach 46 Jahren ab.
- … neben dem Evangelischen Gesangbuch noch zwei weitere Liederbücher (*Freut euch mit uns* und *Neue Lieder*) verwendet werden?
- … die Kirche unsymmetrisch zum Chorbogen ist?
- … sich 6 alte Grabsteine (Epitaphe) innerhalb der Kirche befinden?
- … die große Altarbibel aus dem Jahr 1988 stammt?

Eindrucksvoll beleuchtetes Kruzifix (Weihnachten 2014).